Nora Jensen

**Wie trenne ich mich richtig –
oder will ich es vielleicht gar nicht?**

Für Frauen und kluge Männer

Bibliografische Informationen der Deutschen Nationalbibliothek
Die deutsche Nationalbibliothek verzeichnet diese Publikation in der Deutschen Nationalbibliografie, detaillierte bibliografische Daten sind im Internet über http//dnb.dnb.de abrufbar

© 2016 Nora Jensen
Foto Cover:
© 2016 Teresa Marenzi, Iconoclash Photography
Herstellung und Verlag:
BoD – Books on Demand, Norderstedt

ISBN: 9783741208621

Danksagung

Ich danke allen Frauen, die mich mit ihren Lebensgeschichten bereicherten und mir ihr Vertrauen schenkten. Ganz besonderer Dank gilt meinen Töchtern Josefine und Leonore, die mich als eine der ersten Leserinnen, klug und konstruktiv berieten, meiner Freundin Zitha Poethe, die mich von Anfang an ermutigte, analytisch und mental unterstützte, meiner Cousine Steffi, die meine wunderbar aufmerksame Gegenleserin war, meiner Nichte Lea, meine fabelhafte Zuhörerin beim Vorlesen meines Buches, meiner Kindheitsfreundin Franzi, die mir viele neue Einblicke gab, meiner Jugendfreundin Christine, die mir als Autorin und Journalistin den Anfang beim Schreiben erleichterte, all meinen männlichen Freunden, die mir die Sicht des Mannes spiegelten – vor allem Thomas, sowie meinem lieben Freund Daniel, der mir als Informatiker und Mathematiker in verzweifelten Stunden beim Formatieren Beistand leistete und analytisch meinen Text durchging, meiner Mutter Nonette Jensen, die immer für mich da ist, meiner Freundin Ingrid Schlieske, die mir besten Antrieb gab, meinem vor sehr vielen Jahren verstorbenem Vater Ole Jensen, der mir die Liebe zur Sprache und zum Schreiben vermittelte und großen Dank meiner wundervollen Fotografin Teresa Marenzi (Iconoclash Photography) für das besondere Foto auf der Vorderseite vom Cover, sowie dem Foto auf der Rückseite.

Inhaltsverzeichnis

Danksagung 5
Inhaltsverzeichnis 6
Vorwort 8
Fragenkomplexe 10
Es geht um Sie 11
Überraschen Sie sich selbst 13
Erstellen Sie eine Plus/Minus-Liste 14
Impfen Sie sich positiv 17
Machen Sie sich jeden Tag ein Geschenk 19
Nehmen Sie Rücksicht auf sich selbst 22
Welche Bedürfnisse haben Sie? 26
Was erwarten Sie von Ihrem Partner? 28
Nehmen Sie einen Mann so wie er ist 31
Was für eine Beziehung wollen Sie führen? 34
Schreiben Sie seine Versprechungen auf 37
Vielleicht ändert er sich 39
Warum hängen Sie an Ihrem Partner? 42
Ein ausgeprägter Beschützerinstinkt 45
Der Beziehung eine Chance geben? 47
Passt Ihr Partner zu Ihnen? 50
Loslassen 53
Gedanken über die Finanzen 57

Zeit für einen detaillierten Plan *60*

Sind Sie die Therapeutin Ihres Partners? *62*

Plötzlich sind Sie sich sicher *66*

Passen Sie auf sich auf *68*

Worauf Sie beim Diskutieren achten sollten *72*

Eine komplizierte Beziehung beenden? *74*

Glück nicht auf dem Unglück anderer bauen *77*

Sie müssen nicht immer die Starke sein *82*

Keine Angst vor Veränderungen *84*

Gewalt hat nichts mit Liebe zu tun *87*

Seien Sie sich etwas wert *93*

Und was ist mit Sex? *95*

Wenn Sie Ihrem Partner erlegen sind *102*

Was für einen Mann hätten Sie gerne? *105*

Die Zutaten für eine gute Beziehung *111*

Kinder *115*

Hat Ihr Partner psychische Probleme? *123*

Wenn Ihr Partner physisch krank ist *128*

Womit können oder wollen Sie leben? *132*

... oder will ich es vielleicht gar nicht? *135*

Nachwort *136*

Vorwort

Wie viele Frauen kennen Sie, die meinen, in einer Partnerschaft bleiben zu müssen, obwohl sie sich mit ihrem Partner nicht verstehen, ihrem Partner nichts mehr zu sagen haben, sich selbst nicht mehr vertrauen, sich nichts mehr zutrauen oder in Angst vor ihrem Partner leben? Wie viele Frauen kennen Sie, die Angst vor dem Alleinsein, Angst vor Veränderung, Angst vor dem Ungewissen haben? Trifft einer dieser Punkte auf Sie zu?

Mit: „Wie trenne ich mich richtig – oder will ich es vielleicht gar nicht?" haben Sie die Möglichkeit herauszufinden, ob die eigene Beziehung vorbei oder noch rettenswert ist, ob es sich nur um eine vorübergehende Krise handelt, ob man eventuell nicht mit der Beziehung, sondern mit sich selbst unzufrieden ist oder merkt, dass der geliebte Mensch sich gefühlsmäßig entfernt hat oder sich die Gefühle dem Partner gegenüber verändert haben. Beim näheren Hinschauen kann man alle diese Fragen für sich beantworten und entscheiden, ob man auf die gewohnte Art und Weise weiter leben möchte oder nicht.

Mit diesem Buch möchte ich mit Ihnen meine Erfahrungen, Erkenntnisse und Geschichten teilen, gewonnen aus jahrelanger Recherche und unzähligen Interviews. So hoffe ich, Klarheit in ihre Beziehung, zu Ihnen selbst, zu dem Partner oder baldigem Ex zu bringen und das auf hoffentlich unterhaltsame, als auch angenehme Weise.

Für Frauen und kluge Männer? Als Frau schrieb ich dieses Buch speziell für Frauen und beschreibe von daher meist den Standpunkt der Frau, der den des Mannes selbstverständlich miteinbezieht. Liest ein Mann dieses Buch, wird er sich mehr – oder noch mehr – in die Psyche der Frau, mitsamt ihren Befindlichkeiten und Bedürfnissen hineinversetzen können.

Das Buch ist selbstverständlich auch für gleichgeschlechtliche Paare geeignet und kann dementsprechend „übersetzt" werden.

Fragenkomplexe

Bei vielen Kapiteln werden Sie eine Reihe von Fragen vorfinden. Diese Fragen sollen Ihnen Denkanstöße geben. Nehmen Sie sich die Zeit, über sie nachzudenken, sie auf sich einwirken zu lassen. Nicht alle Fragen werden auf Sie zutreffen oder Sie ansprechen. Sehen Sie die Fragen als Angebote/Anregungen.

Einige Fragen können für Sie persönlich uninteressant, für andere von Bedeutung sein. Vielleicht denken Sie an eine Freundin, die so manche dieser Fragen wachrütteln würde.

Doch nun zum Wichtigsten:

Es geht um Sie

Viele Frauen sprechen immer wieder von dem Wunsch, sich trennen zu wollen, setzen es aber nie in die Tat um. Viele meinen, ein Leben weiterführen zu müssen, in dem sie sich selbst nicht mehr richtig spüren. Weil ihr Partner und sie es sich gegenseitig doch mal versprochen haben oder weil sie sich verpflichtet fühlen oder es nicht gewohnt sind, alleine zu leben. Viele von ihnen stecken die eigenen Bedürfnisse zu Gunsten des Partners oder der Familie zurück. Wie sieht es bei Ihnen aus? Wollen Sie sich trennen?

Was wollen Sie? Was wollen Sie wirklich?

Mit diesem Buch möchte ich Ihnen Klarheit verschaffen. Klarheit, die Ihnen die Möglichkeit gibt, Ihr Leben von einem anderen Blickpunkt aus zu betrachten, zu gestalten, zu verändern.

Jede von uns hat ihre eigenen Leitsätze. Meine Leitsätze lauten: „Das Leben ist ein Geschenk", „In allem steckt etwas Positives – auch im Negativen", „Irgendwas geht immer", „Gönn' dir was", „Wann, wenn nicht jetzt", „Wer weiß, wozu es gut ist", „Morgen ist ein anderer Tag", „Es gibt immer einen Weg." Wenn man es so betrachtet, fängt man vielleicht an, sich selbst etwas zu gönnen, zum Beispiel ein Leben, das einen glücklich macht. Manchmal heißt dies allerdings: „Mein Schatz, ich muss dich verlassen."

Von der Erwägung bis zur vollzogenen Trennung ist es jedoch meist ein langwieriger Prozess.

Schwieriger wird es, wenn Kinder mit von der Partie sind. Als Mutter von zwei Töchtern hat es bei mir vom Plan bis zur Tat fast genau vier Jahre gedauert. Eines Tages stand ich an der Espressomaschine und mein damaliger Mann machte mir Vorschriften. Ich sagte ihm, dass es in unserer Ehe nicht gerecht zugehe, er habe Rechte und Pflichten, ich dagegen nur Pflichten. Er erwiderte: „Dann geh' doch, wenn es Dir nicht passt." Ich ging.

Überraschen Sie sich selbst

Nach einer Trennung muss man sich selbst erst einmal wieder kennen lernen. Dies ist ein sehr spannender Prozess. Von Zeit zu Zeit kann eine Frau sich und die Umwelt nach einer Trennung in Erstaunen versetzen. Überraschen Sie sich selbst. Es ist eine herrliche Erfahrung, wenn Sie den gewaltigen Schritt in ein unsicheres Leben wagen und sich Ihnen auf einmal eine neue Welt eröffnet. Nach dem Motto: Wer wagt – gewinnt.

Überprüfen Sie, ob Sie sich wirklich trennen wollen. Denn eine Trennung ist alles andere als bequem. Das liegt nicht nur an der Trennung selbst, sondern an der Verarbeitung und dem sich Auseinandersetzen mit der vergangenen Beziehung, also auch mit sich selbst. Da bedarf es einer großen Portion Mut. Eine Trennung bedeutet „Aufräumen auf jeder Ebene", ein sehr befreiender Akt. Grübeln Sie nicht zu viel und machen Sie den ersten Schritt. Bei jedem Schritt, den Sie vorangehen, werden Sie sicherer. Ganz bestimmt.

Vor einem schwerwiegenden Schritt ist es ratsam, eine oder mehrere Nächte über eine gefasste Entscheidung zu schlafen. Es ist nie falsch, einen kühlen Kopf zu bewahren. Das gleiche gilt natürlich auch, wenn Ihr Partner Sie zu einer wichtigen Entscheidung bewegen will. Lassen Sie sich Zeit. Nehmen Sie Rücksicht auf sich und:

Erstellen Sie eine Plus/Minus-Liste

Es ist Zeit eine Liste zu schreiben. Sie denken, dass geht erst, wenn Sie Muße haben? Irrtum. Überwinden Sie Ihren inneren Schweinehund und nutzen Sie die nächsten zwei bis drei Minuten. Danach werden Sie sich besser fühlen. Schreiben Sie zu jedem Punkt auf, wie viel er Ihnen wert ist. Sie werden staunen, worauf Sie alles kommen. Schwarz auf Weiß sehen die Dinge ganz anders aus. Das bringt Klarheit - und die wollen Sie doch!

Beispiel für eine Plus/Minus-Liste:

Plus	Wert	Minus	Wert
Ich liebe ihn	1-10	Ich liebe ihn nicht	1-10
Sein Klavierspiel...	1-10	Sein Geruch stört...	1-10
Sein Lächeln...	1-10	Sein Egoismus...	1-10
Seine Komik...	1-10	Er kritisiert...	1-10
Seine Verbindlichkeit...	1-10	Fühle mich unwohl, wenn...	1-10
Seine Zuverlässigkeit...	1-10	Seine Stimmungsschwankungen...	1-10
Seine Aufmerksamkeit...	1-10	Seine Wutausbrüche...	1-10
Sein Charme...	1-10	Er lügt...	1-10
Sein Umgang mit Kindern...	1-10	Er berührt mich nicht...	1-10
Ich liebe es...	1-10	Habe Angst...	1-10
Seine Zärtlichkeit...	1-10	Ertrage nicht, wie er...	1-10
Etc.		Etc.	

Schreiben Sie die Liste möglichst handschriftlich. Handschriftlich gefertigte Notizen bleiben besser im Kopf. Nehmen Sie sich ein Blatt Papier und schreiben Sie darauf los.

Haben Sie Ihre Liste beendet, werten Sie diese aus. Addieren Sie die Zahlen der Plusliste und die der Minusliste. Die Liste mit der Höheren Punktzahl hat gewonnen. Schon haben Sie ein für Sie klärendes Ergebnis. Schlafen Sie eine Nacht darüber und sehen Sie, wie es Ihnen am nächsten Tag mit Ihrer Liste geht. Sollten Sie mit dem Ergebnis noch hadern, gehen Sie Ihre Liste noch einmal durch. Überprüfen Sie Ihre Bewertung.

Wie gesagt: Grübeln Sie nicht zuviel. Lassen Sie ihr Unterbewusstsein arbeiten. Das weiß meistens besser darüber Bescheid, wie es Ihnen tatsächlich mit den verschiedenen Aspekten Ihres Partners geht. Es ist durchaus ratsam so eine Liste alle paar Wochen zu wiederholen, da sich Ihr Leben im Wandel befindet. Sie werden Ihren Partner einige Zeit später von einem anderen Standpunkt aus betrachten. Auch wenn Sie denken: „Das ist nichts für mich" oder „Das kann ich nicht." Probieren Sie es aus. Sie haben nichts zu verlieren und viel zu gewinnen.

Ich hatte eine Freundin, die eine solche Plus-Minus-Liste erstellte. Sie hatte zu 70 % den Himmel auf Erden und zu 30 % die Hölle (und ich kann Ihnen sagen, es war wirklich die Hölle). Sie war damit glücklich. Jeder und jede braucht anderes im Leben. Diese Freundin freute sich allerdings immer auf die Zeit, in der ihr Freund ohne sie verreiste.

Mit Mitte dreißig entschied ich mich, in einer harmonischen Umgebung leben zu wollen. Ich schaffte es und kann es nur empfehlen. Es ist eines der größten Geschenke, das man sich selbst machen kann. Arbeiten Sie daran und Sie werden belohnt. Das verspreche ich Ihnen.

Impfen Sie sich positiv

Bitte streichen Sie den Satz: „Das kann ich nicht." Wenn Sie meinen, irgendetwas nicht zu können, werden Sie es tatsächlich nie schaffen. Schon gar nicht, wenn Sie es von vornherein ausschließen. Sagen Sie stattdessen: „Ich kann es *noch* nicht." Sehen Sie es als eine positive Gehirnwäsche. Mit der Einstellung: „Das kann ich nicht" wären wir Frauen bis heute Unmündige, von anderen Abhängige. Engen Sie sich nicht ein, geben Sie sich die Chance auf Neues.

Kann es sein, dass Sie mit sich selbst nicht ganz glücklich sind? Eine der besten Strategien, um seine Gedanken in positive Bahnen zu lenken, ist, etwas für sich selbst zu tun, sich aufzubauen. Sport ist da immer ein probates Mittel. Sie kommen im wahrsten Sinne des Wortes in Bewegung – sowohl der Körper, als auch der Geist. Auf jeden Fall sollten Sie eine Aktivität angehen, die Ihnen Spaß macht. Der Anfang ist auch hier immer das Schwerste. Mitunter kostet es viel Kraft, sich zu motivieren. Nutzen Sie einen guten Moment. Da der erste Schritt der bekanntlich schwerste ist, fangen Sie am Besten mit einem kleinen an. Der zweite darf schon größer ausfallen und dann fällt es immer leichter.

Haben Sie Geduld, besonders mit sich selbst. Sobald es Ihnen besser geht, Sie sich wohler fühlen in Ihrer Haut, werden Sie Ihre Umwelt klarer sehen können – so auch Ihren (Noch-)Partner.

Fragen:

- Bereite ich mir jeden Tag eine Freude?
- Fühle ich mich wohl in meiner Haut?
- Bin ich mit meiner beruflichen Situation glücklich?
- Habe ich große, unerfüllte Wünsche?
- Was bin ich mir wert?
- Gönne ich es mir, Freude zu haben?
- Stelle ich mich meinen Ängsten?
- Bin ich es wert, geliebt zu werden?
- Neige ich dazu, mich selbst oft kleiner zu machen?
- Suche ich die Schuld immer zuerst bei mir?

Da wir gerade beim Belohnen sind:

Machen Sie sich jeden Tag ein Geschenk

Ich weiß nicht, was Sie glücklich macht. Wissen Sie es? Greifen Sie die Gelegenheit beim Schopfe und versuchen Sie herauszufinden, welche Dinge Sie in eine positive, schöne Stimmung versetzen können.

Ich kenne eine Frau, die sich ständig für andere aufopferte. Sie sang mit mir im Chor. Ich bedankte mich eines Tages bei ihr für eine ihrer weiteren Großtaten im Dienste aller. Sie tat es mit einem „Na ja" ab. Sie konnte sich nicht über meinen Dank und Anerkennung freuen. Irgendwie sind viele von unserem Geschlecht immer noch das gute, brave Mädchen, das immer funktioniert.

Sollten Sie dies nicht schon praktizieren, gönnen Sie sich jeden Tag eine kleine oder auch große Aufmerksamkeit. Sie werden sehen, dass Sie Ihre Bedürfnisse mehr und mehr kennen und respektieren lernen. Nach und nach werden Sie die Welt anders betrachten und die Welt auch Sie. „Sich etwas Gutes tun" beinhaltet selbst aktiv zu sein, sowohl geistig wie auch körperlich. Sich im wahrsten Sinne des Wortes: „bewegen" wie zum Beispiel beim Tanzen, Yoga, Pilates, Schwimmen, Laufen oder einer anderen Art von Aktivcm. Lustwandeln, Ausstellungen besuchen, ins Konzert gehen, ein Café besuchen, die Wohnung umgestalten, singen, malen, sich mit Freundinnen treffen, reflektieren, und vieles mehr. Unternehmen Sie auch etwas alleine, jenseits von Kindern und Beziehung. So lernt man sich selbst mit am Besten kennen.

Beim Reflektieren über eine eventuelle Trennung werden Energien besonderer Art freigesetzt. Die Umgebung um Sie herum verändert sich und es geben einem viele ungefragt Ratschläge. Versuchen Sie, positiv zu bleiben. Es ist gesünder für Ihren Geist und Ihre Seele. Alles andere raubt Ihnen womöglich nur Energie, die Sie im Falle einer Trennung in der kommenden Zeit brauchen.

In der Anfangszeit werden Sie höchstwahrscheinlich eine Gefühls-Achterbahn durchlaufen. Das zeugt von einer gesunden Verarbeitung. Aber wischen Sie sich die Tränen aus dem Gesicht und gehen Sie aus dem Haus – im Zweifelsfall mit Sonnenbrille. Laufen Sie einfach um den Block, geben Sie sich einen positiven Ruck. Danach geht es Ihnen garantiert besser. Sagen Sie sich immer wieder: „Morgen ist ein anderer Tag" und genau so ist es. Leichter gesagt als getan? Ja, aber es tut letztendlich gut, sich aus der Passivität in die Aktivität zu begeben. Der Kopf und der Geist werden freier und für den Körper ist es auch nicht schlecht.

Wenn Sie sich in einer Umbruchphase befinden, ist es besonders wichtig, sich einen seelischen Ausgleich zu schaffen. Probieren Sie einiges aus. Was machte Ihnen schon als Teenagerin Spaß? Was wollten Sie immer schon ausprobieren? Seien Sie in jeder Hinsicht gut zu sich und fangen Sie möglichst nur Dinge an, die „gesund" sind. Dazu gehört auch, sich selbst aufbauende und nicht herunterziehende Dinge zu sagen. Das ist wichtiger, als man denkt. So „füttern" Sie sich mit positiver Energie.

Fragen:

- Denke ich jeden Tag darüber nach, was mir Freude bereiten könnte?
- Verwöhne ich mich jeden Tag, jede Woche?
- Habe ich mindestens eine Stunde pro Tag für mich?
- Tue ich meinem Körper jeden Tag Gutes an?
- Treffe ich mich mit meinen Freund_innen?
- Sind mir die Wünsche der Menschen, die mir nahe stehen, wichtiger als meine eigenen?
- Sind meine Wünsche den Menschen, die ich liebe, wichtig?
- Wie wichtig bin ich mir? Darf ich es sein?
- Fällt es mir leicht, „nein" zu sagen, wenn ich um einen Gefallen gebeten werde?
- Habe ich Angst andere zu verletzen, wenn ich „nein" sage?
- Wie war das mit dem „nein" sagen in meiner Kindheit?
- Weiß ich, was ich richtig gerne mache?

Wie schon gesagt, Yoga tut vielen Menschen gut, auch Tanzen, Joggen, Pilates, Fahrradfahren, Rudern, und vieles mehr. Einige schließen sich lieber einer Gruppe an, um gemeinsam aktiv zu sein. Mich beruhigt es, an einem See entlang zu laufen und auf das Wasser zu schauen, zu rudern oder Tango zu tanzen. Auf diese Art fällt es mir persönlich leichter, wichtige Entscheidungen zu fällen. Was ist es bei Ihnen? Finden Sie es heraus und:

Nehmen Sie Rücksicht auf sich selbst

Leicht gesagt? Aber auch gut in die Praxis umzusetzen. Die meisten Frauen wurden und werden eher zur Rücksichtnahme anderen gegenüber erzogen, selten gegenüber sich selbst. Erlauben Sie sich, Rücksicht auf sich selbst zu nehmen. Es tut nicht nur gut, sondern wirkt sich zudem noch positiv auf Ihr Umfeld aus.

Letztens schrieb ich einer Freundin: „Liebe ist warm und gibt einem ein gutes Gefühl." Liebe sollte nicht kompliziert, schwierig und traurig sein. Sie beinhaltet gegenseitiges Geben. Liebe ist im Ursprünglichen etwas Positives, so wie die Liebe zu sich selbst. Das wünsche ich Ihnen vom ganzen Herzen zu erfahren:

Jemand, der einen liebt, will dass man glücklich ist.

Im Namen der Liebe passieren dennoch viele traurige und entsetzliche Dinge. Mit Liebe als solches hat es jedoch nichts zu tun.

Doch kommen wir zurück zu der Rücksichtnahme sich selbst gegenüber. Sehen Sie sich Männer an. Um die meisten von ihnen braucht man sich keine Sorgen zu machen. Männer vergessen selten, Rücksicht auf sich selbst zu nehmen, ihre Bedürfnisse zu befriedigen. Das ist per se nichts Negatives, sondern etwas sehr Gesundes. Ich habe fabelhafte männliche Freunde, die gut für sich sorgen, zudem liebevoll, aufmerksam und empathisch sind. Schauen Sie sich um und beobachten Sie Ihre männlichen Zeitgenossen.

Viele Frauen empfinden bewusst oder unbewusst eher brutale, aggressive und rücksichtslose Männer als echte Kerle. Denken jedoch, sie wollen einen lieben Mann an ihrer Seite, stattdessen fliegen sie immer wieder auf Machos. Männer, die in der Regel einen Mangel an Respekt Frauen gegenüber haben, sich ihnen überlegen fühlen, weil sie als Mann auf die Welt gekommen sind. Von daher ist es wichtig, zwischen den verschiedenen Männern zu unterscheiden.

Männer sind meist zum „alles mit sich selbst ausfechten" erzogen worden und wählen – bewusst oder unbewusst – meist den vermeintlich einfacheren Weg: Eine Beziehung mit einer Frau, die ein ausgeprägtes Helfersyndrom hat. So kommen einige Männer gar nicht auf die Idee, an sich selbst zu arbeiten. Viele von ihnen, die ein psychisches Problem haben, befrachten eher die Partnerin mit demselbigen, anstatt eine Therapie oder Ähnliches in Erwägung zu ziehen. Eine solche geht ja auch ans Eingemachte, riecht also furchtbar streng nach Schmerzen und unbequemen Erinnerungen. Wie leicht, wenn ein anderer Mensch da ist, der für einen das unaufgeräumte Kinderzimmer einigermaßen in Schach hält. Kommt Ihnen da etwas bekannt vor?

Da nun viele Frauen mit einem ausgeprägten Helfersyndrom ausgestattet sind, denken sie erst einmal an die anderen. Weniger respektvolle Männer haben es daher leicht, eine Frau zu finden, die, die Stelle ihrer persönlichen Krankenschwester gerne einnimmt. Das klingt ein wenig hart, entspricht jedoch der Wirklichkeit. Liebt man, erträgt man vieles – manchmal zu vieles.

Fragen:

- Ist Liebe bei mir mit Schmerz verbunden?
- Ist meine Meinung in unserer Beziehung wichtig?
- Äußere ich meine Meinung, wenn sie der meines Partners widerspricht?
- Wie reagiert mein Partner, wenn ich nicht seiner Meinung bin?
- Wie reagiert mein Partner, wenn ich etwas für mich Wichtiges vorhabe, was ihm nicht gefällt?
- Was mache ich, wenn durch unterschiedliche Interessen ein Streit aufflammt? Bleibe ich dennoch bei meinem Vorhaben?
- Wie reagiere ich, wenn mein Partner etwas für ihn Wichtiges vorhat, was mir aber nicht gefällt? Bleibt er bei seinem Vorhaben?
- Bin ich es gewohnt, meine Meinung auch zu äußern, wenn sie nicht mit meinem Partner übereinstimmt?
- Habe ich als Kind meine Meinung meist kundgetan? Was passierte, wenn ich es tat?
- Verzichte ich auf vieles, was mich glücklich machen könnte?
- Denke ich, dass die „Harmonie" leidet, wenn ich meine Meinung äußere?

Wie reagieren Sie, wenn Ihr Partner sich überheblich oder sogar despektierlich Ihnen gegenüber verhält?

Beobachten Sie bewusst Ihr Zusammenleben. Sind Sie diejenige, die oft nachgibt, diejenige, die sich zurückzieht, diejenige, die mit Ihrer Meinung hinterm Berg hält? Kommt Ihre Meinung bei Ihrem Partner nicht gut an, oder ist es eher umgekehrt, oder hält es sich die Waage? Schreiben Sie auf, was Ihnen auffällt. Sollte es oft nach dem Willen Ihres Partners gehen, probieren Sie aus, was passiert, wenn Sie widersprechen oder etwas anderes als er wollen. Beobachten Sie, wie er reagiert. Was fühlen Sie, wie geht es Ihnen in diesen Momenten?

Zur Rücksichtnahme sich selbst gegenüber gehören auch die Bedürfnisse...

Welche Bedürfnisse haben Sie?

Überlegen Sie aus dem Bauch heraus, welche Bedürfnisse Sie haben. Schreiben Sie diese nieder. Werfen Sie Gedanken wie: „Ist doch alles Blödsinn", „Sei ein bisschen realistischer", „Das sind doch alles Kinderphantasien" und andere gleich über Bord.

Beispiele zum Thema Bedürfnisse:

- ich kommuniziere gern
- ich meditiere gern
- ich gehe gern Spazieren
- ich lese gern
- ich denke mir gerne Projekte aus
- ich musiziere gern
- ich höre gern Musik
- ich gehe gern in Konzerte, ins Theater, ins Kino, ins Museum, etc.
- ich schreibe gern
- ich male gern
- ich engagiere mich gern sozial
- ich tanze gern
- ich koche gern
- ich sinniere gern
- ich arbeite gern
- ich diskutiere gern
- etc.

Die eigenen Bedürfnisse machen Sie als Menschen aus. Nur wenn Sie Ihre Bedürfnisse selbst ernst nehmen, kann Ihr Partner dies ebenfalls tun. Sprechen Sie mit anderen Frauen über Ihre und deren Bedürfnisse. Es wird garantiert ein interessanter Abend und gibt Aufschluss über die Wichtigkeit, die, die Bedürfnisse eines jeden Menschen haben sollten.

Von den Bedürfnissen ist man ganz schnell bei den Erwartungen...

Was erwarten Sie von Ihrem Partner?

Kennen Sie das? Dass Sie Ihrem Liebsten oder nicht mehr ganz so Liebsten unterstellen, zu wenig an Sie zu denken und auf Sie einzugehen? Fast jeder Mensch geht davon aus, dass alle anderen über die gleichen Dinge Bescheid wissen wie man selbst. Wie wir wissen, ist dem nicht so. Vom Liebespartner erwartet man es. Sie auch?

Vielleicht denkt Ihr Partner tatsächlich wenig oder gar nicht mehr an Sie. Versuchen Sie es herauszufinden, indem Sie Ihre Beziehung genauer betrachten. Was erwarten Sie von ihm? Wie reagiert er auf Sie? Wie reagieren Sie auf ihn? Mitunter reagieren beide Partner nach einigen Jahren des Zusammenlebens sehr empfindlich aufeinander. Besonders, wenn man mit ungeklärten Dingen, die Beziehung stetig wachsend belastet/beschwert.

Liebe sollte einfach sein.

Was heißt das? Man sollte mit einem guten Gefühl neben dem Menschen, den man liebt, aufwachen. Nicht über jedes Wort, das man an den anderen richtet, nachdenken. Nicht schon Gedanken haben wie: „Hoffentlich versteht er mich nicht wie immer falsch", „Am Besten mache ich mich gleich unsichtbar, damit er nicht wieder etwas an mir auszusetzen hat", „Bestimmt hat er nur für sich gekocht", „Warum kann er nicht einmal etwas so machen, wie es mir gefällt?", „Ich hoffe, er ist gleich aus dem Haus", und so weiter.

Fragen:

- Fühle ich mich wohl in seiner Nähe?
- Entspricht sein Verhalten sehr oft meinen Erwartungen?
- Wie reagiere ich, wenn meine Erwartungen nicht erfüllt werden?
- Erschwere ich eventuell die Beziehung mit einer unrealistischen Erwartungshaltung?
- Ist es meinem Partner ein Leichtes, meine Erwartungen zu erfüllen?
- Stellt mein Partner Erwartungen an mich, die meinen Veranlagungen nicht entsprechen?
- Wünsche ich ihn mir in anders, als er ist?
- Wünscht er mich anders, als ich bin?
- Fühle ich mich von ihm ernst genommen?
- Respektiert er meine Eigenarten oder werden sie von ihm belächelt?
- Respektiert er meine Arbeit oder belächelt er sie?
- Kritisiert er meine Freundinnen?
- Möchte ich, dass er sich in einigen Dingen ändert?
- Kommt er meinen Bitten nach?
- Unterstützt er mich in meinen Aktivitäten?
- Muss ich mich vor ihm für meine Aktivitäten rechtfertigen?
- Unternehmen wir gemeinsam Sachen, die ich gerne mache?
- Sind seine Erwartungen mir gegenüber evtl. illusorisch?

Reden Sie weniger, beobachten Sie mehr. Eine Frau kann auf diese Weise wesentlich mehr über sich selbst und ihre Lebenslage herausfinden, als wenn sie andauernd mit ihrem Liebespartner über die Beziehung spricht.

Es ist sehr schwer, die eigene Beziehung ohne Erwartungshaltung zu betrachten. Von daher versuchen Sie, sich klar zu werden, welche Erwartungen Sie an die Beziehung stellen. Welche Erwartungen Sie an sich selbst in Bezug auf die Beziehung haben, was Sie von Ihrem Partner erwarten. Ist es Ihnen und Ihrem Partner möglich an der einen oder anderen Erwartungshaltung zu arbeiten, aufeinander zuzugehen? Manchmal passt man nicht zueinander. Besser man sieht es ein, als noch mehr wertvolle Jahre des Lebens ins Land ziehen zu lassen.

Ich rate Ihnen:

Nehmen Sie einen Mann so wie er ist

Männer sagen in der Regel, was sie denken. Wenn ein Mann Ihnen mitteilt: „Ich will nicht zu der Dichterlesung gehen", dann meint er genau das. Und nicht: „Ich möchte nicht <u>mit dir</u> zu der Dichterlesung gehen." Das heißt nicht, dass Männer immer sagen, was sie denken. Aber sie denken nicht um drei Ecken. Das ist der große Unterschied zwischen den meisten Männern und Frauen.

Von daher: Beobachten Sie Ihren Partner. Fallen einige Eigenschaften so aus, dass es für Sie in seiner Nähe unerträglich wird? Langweilen Sie sich mit ihm? Vertrauen Sie ihm nicht? Ziehen Sie die Konsequenzen und nörgeln Sie nicht weiter an ihm herum. Gehen Sie lieber aus der Beziehung heraus. Geben Sie sich und ihm die Möglichkeit, auf einen Menschen zu treffen, der zu Ihnen beziehungsweise ihm passt.

Ist es nicht merkwürdig? Man will so oft den Menschen verändern, mit dem man zusammen ist, ihn zurechtbiegen, erziehen. Man will den Menschen nicht so haben, wie er ist oder wie man ihn kennengelernt hat. Sehen Sie sich Ihren Partner an. Mögen Sie vieles an ihm nicht? Mag er vieles an Ihnen nicht?

Wie viele Menschen kennen Sie, die ständig ihren Partner oder ihre Partnerin kritisieren, sich jahrelang über dieselben Eigenschaften, Verhaltensweisen aufregen?

Fragen:

- Macht mich seine Art verrückt, aggressiv?
- Langweile ich mich mit ihm?
- Sehe ich noch irgendetwas Gutes an ihm?
- Warum halte ich noch an ihm fest?
- Empfinde ich es als normal, wenn man sich jede Woche streitet? Gehört es für mich zu einer Beziehung dazu?
- Beziehe ich ihn bei meiner Tagesplanung mit ein?
- Unternehme ich von Zeit zu Zeit auch etwas alleine?
- Hatte ich das Gefühl, für meine Eltern als Kind nicht so wichtig zu sein?
- Rede ich vor anderen fast nur schlecht über ihn?
- Redet er in Gegenwart von anderen fast nur schlecht über mich?
- Zieht er mich oft ins Lächerliche?
- Ziehe ich ihn oft ins Lächerliche?
- Warum kam ich mit ihm zusammen?
- Mag ich etwas an ihm?
- Ärgere ich mich über ihn?
- Unternehme ich meistens etwas ohne ihn?
- Gehe ich bei ihm oft unter die Gürtellinie?
- Geht er bei mir oft unter die Gürtellinie?
- Habe ich das Gefühl, dass ich mich besser entfalten könnte, lebte ich ohne ihn?

Eine Freundin von mir machte die Unpünktlichkeit ihres Mannes wahnsinnig. Da sie kein Auto fuhr, musste er sie von zu Hause abholen, wenn sie zusammen etwas unternahmen. Jede Woche wiederholte sich dasselbe Schauspiel. Sie machte mit ihm eine Zeit für das Abholen aus und lief pünktlich von der vierten Etage nach unten vor die Haustür. Dort verbrachte sie regelmäßig eine geschlagene Stunde, in der sie schon anfing, den Asphaltsteinen Namen zu geben. Sobald ihr Mann auftauchte, entbrannte ein Streit, der sich gewaschen hatte. Zehn Jahre lang stritten die beiden sich mehrmals pro Woche. Meine Frage, ob er von Anfang an unpünktlich war, beantwortete meine Freundin mit einem kurzen „ja." Sie dachte aber, da sie vollkommen anders gestrickt war, er würde sich ihr anpassen – welch ein Trugschluss.

Von außen gesehen, wirkt das Problem dieses Paares banal, aber genau diese vermeintlichen Banalitäten belasten oder zerstören eine Beziehung. Es ist nicht einfach die eigene Beziehung, mit Abstand zu betrachten, da man sich mittendrin befindet. Bisweilen ist es ratsam, eine Mediation zum Beispiel in Anspruch zu nehmen. Diese neutralen Personen geben Ihnen in kurzer Zeit die Möglichkeit, Ihre Beziehung von außen zu betrachten – ein Schritt, um sich von gewohnten Beziehungs- oder Verhaltensmustern zu verabschieden oder wenn nötig vom Partner.

Jetzt frage ich Sie:

Was für eine Beziehung wollen Sie führen?

Führen Sie die Art von Beziehung, die Sie führen wollen? Vielleicht wollen Sie mit einem einzigen Menschen Ihr Leben teilen. Vielleicht brauchen Sie eine offene Beziehung? Wir sind alle mit bestimmten Wertesystemen groß geworden. Das macht es nicht leicht, ohne Wertung an diese Frage heranzugehen.

Ich unterhielt mich mit einem Familienvater über dieses Thema. Er berichtete mir, dass er gerade eine ganz süße neue Flamme hätte. Sie war, wie Sie schon erraten haben, sein kleines Verhältnis. Sein kleines Verhältnis, welches er natürlich vor seiner Frau geheim hielt. Ich fragte ihn, ob seine Frau auch solche Verhältnisse mit anderen Männern habe. Ein entsetztes Gesicht schaute mich alles andere als wohlwollend an. „Natürlich nicht" platzte es aus ihm heraus. Die Stimmung drehte sich um hundertachtzig Grad. Nur er durfte eine Liaison mit einer anderen eingehen. Seine Frau war für ihn eine Heilige. Heilige betrügen nicht. Dann fügte er hinzu: „Ich werde mich nie von meiner Frau trennen."

Es ist ratsam, mit einem Menschen zusammen zu sein, der auch in dieser Hinsicht ähnlich gestrickt ist wie man selbst. Ansonsten leidet mindestens eine Person. Es ist für die Beziehung sehr ratsam auch über diesen Punkt mit dem Menschen zu kommunizieren, mit dem man eine Beziehung führt. Man erspart sich viel Zeit, eventuell Leid und wird weniger enttäuscht.

Eine amüsante Zeitgenossin aus meinem Bekanntenkreis eröffnete ihrem Freund, dass sie nunmehr eine offene Beziehung führen möchte. Ihre Offenbarung fand zu einem Zeitpunkt statt, an dem beide nicht wussten, ob sie noch zusammen bleiben sollten oder lieber nicht.

Für eine andere Bekannte ist die sexuelle Treue der Grundstein der Beziehung. Sie sagte mir, dass eine Liebesbeziehung für sie auch beinhalte, sich verletzlich zu machen, was absolutes Vertrauen voraussetze. Schließlich lässt man einen anderen Menschen in intimste Nähe. Der Gedanke, Ihren Freund mit jemand anderem zu teilen, war Ihr mehr als zuwider.

Wie steht es mit der Libido? Der Drang, Liebe zu machen, fällt sehr verschieden aus. Da bekommt jeder einzelne Mensch eine unterschiedliche Ausstattung mit. Die Beziehung ist wesentlich einfacher und angenehmer, gleichen sich die Bedürfnisse.

Versuchen Sie Ihre Bedürfnisse, getrennt von denen Ihres Partners zu betrachten. Das fällt nicht wirklich leicht, wenn man schon viele Jahre miteinander verbracht hat. Man kann sich natürlich auch arrangieren. Ist die Diskrepanz jedoch sehr groß, sind Probleme an der Tagesordnung. Werden Urtriebe unterdrückt, dann werden diese Energien umgeleitet und oftmals mit ungesunden Mitteln kompensiert. Menschen werden aggressiv, negativ geladen und vieles mehr. Abgesehen von dem wahrlich nicht angenehmen Lebensgefühl mit dem man sich herumplagt, bedeutet es für die Beziehung normalerweise Stress. Wollen Sie den?

Was für eine Beziehung kommt für Sie in Frage? Teilt Ihr Partner die gleiche Variante von Beziehung? Wenn nicht, sollten Sie überlegen, ob Sie diese Beziehung wollen. Ob Sie diese Beziehung glücklich macht? Sie Ihnen gut tut?

Um sich noch mehr Klarheit zu verschaffen:

Schreiben Sie seine Versprechungen auf

Es gibt Männer, die absolut geradeaus und verantwortungsvoll sind. Diese halten ihre Versprechungen. Auf sie kann man sich hundertprozentig verlassen. Bei Männern dieser Art, weiß man stets, woran man ist. Und dann gibt es die anderen...

Es ist doch immer interessant, was ein Mann einer Frau verspricht, wenn er seine Felle wegschwimmen sieht. Es kommen Liebeserklärungen, ein umwerfender Liebesbrief, Blumen, ein Heiratsantrag, Geschenke, Bemühungen jeder Art und die Beteuerung jetzt zu wissen, was er an Ihnen hat. Kommt Ihnen das bekannt vor? Sie sind auf einmal interessanter geworden, weil Sie nicht mehr so leicht zu bekommen sind. Doch wie lange halten diese Versprechungen an? Schreiben Sie sich seine Versprechungen mit Datum versehen auf. Sie sehen dann schwarz auf weiß, wie ernst es Ihrem Noch-Partner wirklich ist. Es ist erstaunlich, was die wundervollen Sexualhormone so alles aus dem Hirn verbannen.

Eine sehr enge Freundin von mir war mit einem Mann liiert, dem drei Pferde gehörten. Er klagte, kein Geld zu haben. Wer würde das nicht, wenn man drei Pferde unterhalten müsste? Dieser Mann „schenkte" seiner Freundin sein wertvollstes Pferd. Ich fragte sie, ob er es ihr schriftlich gegeben hätte? Sie fand die Frage extrem materialistisch, beantwortete diese aber mit: „Nein." Später, als es Unstimmigkeiten zwischen den beiden gab, vergaß der Mann die Schenkung des Gaules...

Fragen:

- Hält er seine Versprechungen?
- Sind immer ich oder die anderen schuld, wenn er seine Versprechungen nicht halten kann?
- Habe ich Angst, das Bild, welches ich von ihm habe, zu verlieren?
- Hat unsere Beziehung noch eine Chance, wenn er seine Versprechungen wahr macht?
- Fällt es ihm schwer, seine Versprechungen zu halten?
- Hielt er früher seine Versprechungen?
- Ist er ansonsten sehr verlässlich, verbindlich?
- Ist er noch der Mensch, mit dem ich mein Leben verbringen will?
- Suche ich nach Ausreden für ihn, wenn er seine Versprechungen nicht halten kann?

Eine andere Freundin von mir wurde von ihrem Ex angefleht, zurückzukommen. Er bekam eine Eingebung und schenkte ihr seine Immobilie, die er besaß. Leider tat er dies nur verbal. Diese Freundin ließ sich nicht von dem Bla-Bla einlullen und entledigte sich des Ex.

Aber wie heißt es so schön, die Hoffnung stirbt zuletzt:

Vielleicht ändert er sich...

Menschen verändern sich selten um 180 Grad. Es sei denn, ihnen widerfahren extrem einschneidende Erlebnisse und sie reflektieren darüber. Vielleicht haben Sie selbst die Erfahrung mit Ihrem Partner nach einem solch gravierendem Erlebnis gemacht, ob positiv oder negativ. Aus einem Filou wird durch die Geburt des gemeinsamen Kindes plötzlich ein einfühlsamer, verlässlicher Mann. Aus einem liebevollen, zugewandten Partner wird durch die Heirat plötzlich ein besitzergreifender Choleriker. Und dann gibt es die, die immer gleich bleiben.

Nun geht es hier um die Hoffnung, er könnte sich verändern. Oder er beschwört es, um nicht verlassen zu werden. Hoffnung ist etwas sehr schönes, aber gegebenenfalls ist es klüger, eine vollkommen zerrüttete Beziehung zu beenden. Besonders wenn beide schon mehrfach beim anderen unter die Gürtellinie gingen, sich gegenseitig kaputt machten, anstatt einander aufzubauen, oder sich einfach nicht mehr gut tun.

Es gibt Menschen, die nicht so leicht aufgeben. Das ist ein schöner Zug, jedoch weniger schön, wenn man unter der Beziehung leidet. Von außen versteht man oftmals nicht, warum sich die beiden Menschen nicht trennen. Befindet man sich jedoch selbst in einer solchen Beziehung, ist das Herauskommen aus dieser zumeist ein schwieriger Prozess.

Keine Frau wünscht sich einen Mann, der sie schlecht behandelt.

Man kann doch nicht den Mann fallen lassen, der beteuert, sich zu ändern... Liebt man, glaubt man – oder will es zumindest.

Es gibt Partner, die am Anfang der Beziehung mitteilen, womit die Angebetete auf keinen Fall rechnen kann. Häufig geht es ums Heiraten, Zusammenziehen oder Kinder bekommen. Dann fallen beim ersten Date Sätze wie: „Nur dass Du Bescheid weißt, heiraten ist nicht in meinem Denksystem" oder „Ich bin eine alte Schrulle, lebe seit ewigen Zeiten allein und das soll auch so bleiben", „Ich brauche meinen Freiraum und da passt ein Kind nicht rein, nimm es bitte nicht persönlich." Die meisten Frauen sagen sich dann: „Ach, das sagt er jetzt, weil er sich schützen möchte, so schlechte Erfahrungen gemacht hat, aber mit mir an seiner Seite wird alles anders" – wird es aber meistens nicht.

Ebenso gibt es Menschen, die ihre Einstellung zu wichtigen Lebensmodellen grundlegend ändern, weil ihre Liebe zu dem Partner/der Partnerin so groß ist, dass sie die schlechten Erfahrungen aus der Kindheit oder die ungeten der letzten Jahre, überwiegt. Oder sie an einem Punkt im Leben stehen, wo sich ihre Wertesysteme im Wandel befinden.

Stecken Sie in einer Beziehung, die Sie unglücklich macht? In der Sie von Ihrem Partner nicht gut behandelt werden? In der weder Respekt noch Achtung vorhanden sind? Oder in der Sie sich nicht wahrgenommen fühlen? Wollen Sie Ihre Situation ändern? Gehen Sie nach Möglichkeit pragmatisch vor.

Schreiben Sie jeden Tag auf, wie sich Ihr Partner verändert – und ob er sich verändert. Vielleicht verändern Sie sich auch...?

Fragen:

- Bemerke ich Veränderungen an ihm?
- Tangieren mich die Veränderungen?
- Ist er mir zugewandter?
- Fühle ich mich in der Partnerschaft wohler, seit dem er sich verändert hat?
- Habe ich Hoffnung auf Besserung?
- Warum will ich ihn anders, als er ist?
- Will ich vielleicht einen anderen Mann aus ihm machen?
- Glaube ich, dass er sich ändern kann?
- Hätte er gerne eine andere Frau?
- Was dachte ich über ihn, als ich ihn kennen lernte, im ersten Augenblick der Begegnung?
- Wie sah er mich damals?
- Habe ich mich damit abgefunden, dass meine Beziehungen nicht harmonisch sein können?
- Habe ich mich in ihm getäuscht?
- Bin ich von ihm enttäuscht?
- Kann/will ich mit seinen Eigenschaften, die mir nicht gefallen, leben?
- Möchte er mich verändern?
- Wirft er mir Dinge vor, die ich nicht ändern kann oder will?

Da stellt sich die Frage:

Warum hängen Sie an Ihrem Partner?

Vielleicht weil er Ihnen im Wesen ähnlich ist, vielleicht weil Sie und er gemeinsame zusammenschweißende Erlebnisse hatten. Vielleicht weil er aus einem ähnlichen Umfeld kommt oder ähnliche Dinge im Leben liebt. Vielleicht weil sie beide ähnliche Kindheitserfahrungen machten oder eine ähnliche Stellung innerhalb der Familie inne hatten. Vielleicht erinnert er Sie an einen wichtigen Menschen aus der Kindheit und konnte durch ein Gefühl von Vertrautheit leichter Ihr Herz erobern.

Wir Menschen haben im Laufe unseres Lebens durch Erlebnisse, familiäre Prägungen und genetisches Erbgut im übertragenen Sinne persönliche Zahnräder entwickelt. So funktionieren wir mit dem Zahnrad eines anderen Menschen einzigartig. Und hin und wieder passen die eigenen Kindheitsmuster wunderbar zu den Mustern des Partners. Dies kann leider auch in eine ungesunde Richtung gehen.

Eine junge Dame, die ich kenne, hing extrem an ihrem Partner. Es war ihr unerklärlich. Sie misstraute ihm und fühlte sich nicht frei in seiner Gegenwart. Eines Nachts träumte sie von ihrem Onkel, der sie als Kleinkind auf grausamste Art gequält hatte. Als sie aufwachte, war ihr alles klar. Ihr Freund sah ihrem Onkel, den sie zuletzt als kleines Mädchen gesehen hatte, derartig ähnlich, dass sie sich zu ihm hingezogen fühlte. So wurde ihr bewusst, warum sie nicht loskam. Plötzlich war der Bann gebrochen und sie beendete diese ungesunde Partnerschaft.

Eine andere Freundin verliebte sich unsterblich in einen Mann und dieser in sie. Da denkt man, wie schön! Dieser Mann hatte jedoch entsetzliche Minderwertigkeitskomplexe. Er fühlte sich zu kurz gekommen in seinem Leben, um Aufmerksamkeit betrogen. Er himmelte Menschen an, denen extrem viel Aufmerksamkeit entgegen gebracht wurde, wie zum Beispiel oftmals gegenüber Berühmtheiten. Nun traf er auf eine Frau, die an sich nicht seinem Jagdrevier entsprach, aber berühmt war. Durch das Zusammensein mit ihr, fühlte er sich einem vermeintlich erlauchten Kreise zugehörig. Seine auserwählte Partnerin stellte er von Anfang an über sich. Wie zitiert meine Mutter immer so treffend: „Götter fallen tief." Der Freund meiner Freundin fing nach einiger Zeit schließlich an, seine Freundin jeden Tag zu kritisieren, um sie zu erniedrigen und sich somit größer zu fühlen. Sie fand es zuerst befremdlich und schließlich amüsant. Das traf den armen Mann. Er wurde heftiger und sie zog schließlich den Schlussstrich. So wurde aus einer anfänglich hinreißenden Verbindung, eine hässliche Partnerschaft, in der jeder seine Waffen schärfte und leider auch benutzte.

Fast alle Menschen suchen in dem Gegenüber etwas, das sie in der Kindheit vermisst oder geliebt haben. Vertrautes aus der Kindheit kann sich negativ, aber auch positiv auswirken. Versuchen Sie herauszufinden, welche einschneidenden Erlebnisse es in Ihrer Kindheit gab. Befragen Sie, wen immer Sie aus Ihrer Kindheit befragen können. Nutzen Sie die Chance, solange sie da ist. Mittels Zugewandtheit und Verständnis kann es gelingen, viel Interessantes zu erfahren. Ist doch einen Versuch wert!

Fragen:

- Ähnelt mein Partner meinem Vater?
- Ähnelt mein Partner meiner Mutter?
- Ähnelt mein Partner meinem Bruder, meiner Schwester?
- Erinnert mich mein Partner an einen anderen wichtigen Menschen aus meiner Kindheit?
- Was für eine Beziehung hatte ich zu diesem Menschen?
- Werden gute oder schlechte Erinnerungen in mir wach, wenn ich an diese Person denke? (Ganz aus dem Bauch heraus, ohne Zensur)
- Was oder wen habe ich in meiner Kindheit vermisst?
- Wo und in welchen Bereichen fühle ich mich unsicher?
- Welche Stärken, welche Schwächen habe ich?
- Was habe ich in meiner Kindheit geliebt?

Wissen Sie, warum Sie noch an Ihrem Partner hängen? Vielleicht liegt es an bestimmten Instinkten, so wie im folgenden Kapitel:

Ein ausgeprägter Beschützerinstinkt

Der Beschützerinstinkt eines Mannes gegenüber einer Frau ist archaischer Natur. Verfügt ein Mann einer Frau gegenüber über einen Beschützerinstinkt, so fühlt er sich nur wohl, wenn er sich um sie sorgen, für sie alles tun kann, um ihr eine schöne Zeit zu bereiten oder um sie in schwierigen Situationen zu beschützen. Unabhängig davon, ob man sich als Frau selbst schützen kann und/oder es dem Mann auch bewusst ist.

Eine Bekannte von mir hatte einen ausgelassenen Abend mit ihrer Schwester, deren Mann und einigen anderen Freunden bis zu dem Zeitpunkt, als ihr Ex-Freund im Lokal erschien. Dieser Mann von imposanter Erscheinung hatte eine eigenwillige Art der Kontaktaufnahme. Er legte eine Rose vor sie hin und sagte in einem besitzergreifenden Ton: „Ich muss mit Dir sprechen." Ganz ehrlich, Diplomatie sieht anders aus. Seine Ex-Freundin erwiderte ein kurzes „Nein." Dies wollte der Ex-Freund nicht verstehen. Vielleicht konnte er es auch auf Grund seines geringen Intelligenzquotienten nicht. Schließlich ging meine Bekannte in eine geschützte Ecke des Lokals. Daraufhin drehte sich der Ex-Freund zu ihr um und brüllte sie vor rund siebzig Leuten nieder. Sie hatte Angst. Niemand im gesamten Lokal ergriff Partei für sie. Lediglich ihre Schwester stellte sich dem Ex-Freund entgegen, der wesentlich größer und schwerer war als sie. Er knallte der Schwester daraufhin wütend einen Stuhl auf den Fuß und verletzte sie. Der Mann der Schwester meinte nur: „Das wollte er nicht" und blieb ruhig sitzen.

Dieser Satz ihres Mannes und sein nicht Agieren, verschob ihr gesamtes Weltbild. So schnell kann es gehen, wenn man sich vom eigenen Mann in einer bedrohlichen Situation nicht beschützt fühlt. Unabhängig, ob man sich selbst gut schützen kann. Es war ein einschneidender Schock für die Schwester meiner Bekannten. Die Ehe dauerte nur noch einige Jahre. Der Samen für die Trennung wurde an jenem Abend gesät.

Von daher wünsche ich Ihnen einen Mann in Ihrem Leben, der einen ausgeprägten Beschützerinstinkt und kein Minderwertigkeitsgefühl Ihnen gegenüber besitzt. Fühlt ein Mann sich einer Frau gegenüber minderwertig, so hat dies meist zur Folge, dass er die Frau an seiner Seite täglich herunterputzen muss, um sich größer und stärker zu fühlen – wie schon erwähnt.

Selbstverständlich verfügen viele Frauen auch über einen Beschützerinstinkt, was sich mit dem Beschützerinstinkt des Mannes Ihnen gegenüber nicht ausschließt. Im Idealfall übernehmen beide in der Beziehung Verantwortung füreinander. Wenn der eigene Mann über einen gesunden Beschützerinstinkt verfügt, so empfinde ich es persönlich als ein sehr warmes, angenehmes Gefühl. Es ist für mich eine ganz wichtige Grundlage für eine glückliche Beziehung. Mir ist klar, dass sich so mancher Mann da etwas übertrieben verhält. Lächeln Sie darüber. Besser er hat einen Beschützerinstinkt als keinen.

Wie sehen Sie Ihre Beziehung jetzt? Wollen Sie:

Der Beziehung eine Chance geben?

Sind Sie im gefühlsmäßigen Zwiespalt und können die Frage nicht beantworten, so gönnen Sie sich eine ein- oder mehrwöchige Auszeit, also kein Kontakt auf allen Ebenen. Sie werden staunen, was sich in dieser Zeit alles tun wird. Ich garantiere Ihnen sehr spannende Wochen voller Überraschungen und einer neuen Sicht auf Ihre Beziehung.

Sollten Sie die Frage mit „Ja" beantworten, so nehmen Sie Ihren Mut zusammen und brechen Sie das Eis. Für eine Neuauflage der Beziehung muss erstmal die Grundlage des Vertrauens überprüft werden. Das heißt, Sie müssen Geduld aufbringen. Im Laufe der Jahre hat man viele Empfindlichkeiten aufgebaut. Ehrlichkeit, Kommunikation und der Versuch, nicht gleich alles zu werten, sind die wichtigen Faktoren, die bei einem Neuanfang helfen. Es gilt gemeinsam das Fundament Ihrer Beziehung zu stabilisieren.

Gehen Sie Schritt für Schritt vor. Besprechen Sie mit Ihrem Partner, was sie gerne zusammen unternehmen und ändern wollen. Das verbindet. Sie werden innerhalb der nächsten Wochen spüren, ob sie beide am selben Strang ziehen und ein zweiter Versuch Früchte trägt – oder nicht.

Was sagt Ihr Bauchgefühl? Beobachten Sie wohlwollend die gemeinsame Zeit. Irgendwann kommt der Punkt, der Ihnen Klarheit verschafft.

Fragen:

- Was erhoffe ich mir von der Beziehung?
- Fühlt mein Partner so wie ich?
- Was teilen wir gemeinsam?
- Wie stelle ich mir meine nahe Zukunft mit ihm vor?
- Warum glaube ich, ist ein Neuanfang unserer Beziehung möglich?
- Was sagt er dazu?
- Glaubt er auch an einen Neuanfang?
- Musste ich ihn dazu überreden?
- Teilt er mir die Dinge mit, die für ihn wichtig sind?
- Können wir wieder über die gleichen Sachen lachen?
- Verbringen wir noch Freizeit zusammen? Organisiere ich sie? Organisiert er sie? Oder organisieren wir sie?
- Wächst das Vertrauen wieder peu à peu?
- Bin ich ganz ich selbst in seiner Nähe?
- Ziehen wir am gleichen Strang?
- Gebe ich mir Mühe?
- Gibt er sich Mühe?
- Fühle ich mich wohler, seitdem ich wieder an der Beziehung arbeite?
- Was halte ich von einer Paarmediation?
- Sehe ich ihn jetzt mit anderen Augen? Geht es ihm ähnlich?
- Ist er mir gegenüber aufmerksamer?
- Freue ich mich auf ihn, wenn ich ihn sehe?
- Fühle ich mich in der Beziehung wieder „zu Hause" und ernst genommen?

Sehen Sie keine Chance mehr, bei näherer Betrachtung Ihrer Beziehung? Bemerken Sie, dass Ihre Bemühungen nicht positiv gesehen werden? Ist dem so, vergeuden Sie Ihre Energie nicht für ein untergehendes Schiff. Auf zu neuen Ufern!

Es sei denn, Sie kämpfen beide um die Beziehung. Beobachten Sie, wie sich alles weiter entwickelt. Führen Sie ein Tagebuch. Es wird Ihnen Klarheit verschaffen.

In eine Beziehung schleichen sich nicht nur gute Mechanismen ein. Wir schleppen alle ein wenig „Gepäck" mit uns herum. Analysieren Sie sich. Fallen Ihnen Verhaltensmuster auf, die, die Beziehung eventuell erschweren? Es ist nicht leicht an den eigenen Mechanismen oder Verhaltensmustern zu arbeiten. Allerdings ist es erstaunlich, was man mit Willenskraft und Liebe alles bei sich verändern kann. Die Verhaltensmuster Ihres Partners kann nur er verändern – wenn er es will.

Es ist Zeit, sich zu fragen:

Passt Ihr Partner zu Ihnen?

Sie sehen ein Paar und denken, warum trennen die sich? Die passen doch toll zusammen. Oder Sie kennen ein Paar, bei dem Sie denken: Warum sind die überhaupt zusammen? Sie machen sich nur gegenseitig das Leben schwer, scheinen alles am anderen schrecklich zu finden.

Das Problem beginnt oft schon bei der Partnerwahl. Wir suchen uns einen Menschen aus, von dem wir denken, dass er unsere Erwartungen an eine Beziehung erfüllen wird.

Allerdings sind es oftmals einfach nur die Pheromone, die uns leiten. Diese fragen uns nicht, mit welchem der Anwesenden wir glücklich werden könnten. Vielmehr checken sie in einem Raum voller Menschen im Bruchteil einer Sekunde, welches Genmaterial in Verbindung mit dem eigenen für die Fortpflanzung geeignet wäre. Lässt man sich dann vor lauter „Verliebtsein" zu schnell auf eine Beziehung ein, muss der auserwählte Mensch die Erwartungen einlösen. Ganz gleich, ob es möglich ist oder nicht. Kann er die Erwartungen nicht einlösen, wird man enttäuscht sein. Es steckt kein böser Wille dahinter, aber meist ist es die Ursache von vielen Problemen und nicht enden wollenden unglücklichen Tagen, wenn nicht Jahren.

Sie müssen lediglich herausfinden, was Ihre Erwartungen an die Beziehung waren beziehungsweise sind.

Fragen:

- Habe ich Erwartungen an die Beziehung?
- Denke ich, dass mich die Erfüllung dieser Erwartungen, glücklich macht?
- Was erwartet mein Partner von mir?
- Übe ich Druck auf meinen Partner aus?
- Übt mein Partner Druck auf mich aus?
- Habe ich mir am Anfang unserer Beziehung beim Kennenlernen Zeit gelassen?
- Lasse ich mich bei meiner Partnerwahl von meinen Gefühlen und/oder vom Kopf leiten?
- Darf ich keine Ansprüche an eine Beziehung stellen, weil ich der meine, einen Makel zu haben?
- Kam ich mit ihm zusammen, weil ich keine Chance bei denen habe, die mir gefallen?
- Kam ich mit ihm zusammen, weil ich mir ein Kind wünschte?
- Geht es mir besser, wenn ich nicht mit ihm zusammen bin?
- Hat er sich während unserer Beziehung sehr verändert?
- Bin ich mit ihm zusammen, weil er meiner Mutter oder meinem Vater gefällt?
- Zeige ich mich gern mit meinem Partner bei für mich wichtigen Ereignissen?
- Fühle ich mich von ihm verstanden?
- Kann er mich glücklich machen?
- Was mochte ich anfangs an ihm?
- Haben wir uns auseinander gelebt?
- Muss für mich eine Beziehung schwierig sein?

Kann Ihr Partner dem gerecht werden? Ist er überhaupt der Typ Mann, der Ihnen gefällt? Oder haben Sie ihn sich vielleicht ausgesucht, weil er auf gar keinen Fall Ihren Wunschvorstellungen entsprechen kann? Damit Sie Jemanden haben, an dem Sie alle ihre Ängste oder auch Aggressionen abarbeiten können? Dies passiert oft unbewusst und führt zu Dauerspannungen, die niemandem in der Beziehung gut tun.

Ich kenne eine Frau, die sich immer Männer sucht, an denen sie herumkritteln kann, als ob der Mann das noch zu erziehende Kind sei. Ihr letzter Mann hat meistens geschwiegen, nahm sich eine Geliebte und beendete plötzlich die Beziehung. Sie war wie vom Donner gerührt, verstand die Welt nicht mehr und litt vor sich hin. Zog es aber nicht in Erwägung, dass ihr Verhalten zum Beenden der Beziehung beigetragen haben könnte. Harmonie und eine Beziehung auf Augenhöhe halten manche nicht aus.

Es gibt Menschen, die nicht glücklich sein wollen, es nicht können, sich nicht erlauben – ob bewusst oder unbewusst. Betrifft Sie das, so:

Gönnen Sie sich das Gefühl, glücklich zu sein.

Das ist nicht für jeden einfach. In einer Partnerschaft sollte es für beide Seiten ein Bedürfnis sein, den Partner/die Partnerin glücklich zu wissen. Nur haben sich manche Paare im Laufe der Zeit so tief verletzt, dass jede kluge Reflektion über die Ursachen hinfällig ist. Einige Verletzungen sind irreparabel.

Und meistens ist es einfach klüger, wenn Sie...

Loslassen

Loslassen fällt den meisten Menschen schwer. Selten hat es mit dem Partner direkt zu tun, vielmehr mit Ängsten, die ihren Ursprung in der Kindheit haben. Sich dieser Verlustängste bewusst zu werden und sich ihnen zu stellen, ist befreiend und wirkt sich positiv auf das gesamte Leben aus. Kann man schließlich loslassen, schenkt man sich und den Menschen im eigenen Umfeld ein wesentlich angenehmeres Leben.

Aber wie lässt man los? Zuerst indem man sich Gedanken über sich selbst macht, ehrlich mit sich umgeht. Klingt simpel und leicht pathetisch – ist es jedoch keineswegs. Beobachten Sie sich. Wann fällt Ihnen etwas schwer? Wann fällt Ihnen etwas leicht? Wovor haben Sie Angst? Was macht Ihnen Angst? Was würde passieren, wenn Sie Ihr Leben veränderten? Was wäre das Schlimmste, was passieren könnte? Wie sähen Sie ihr Leben gerne?

Indem Sie mehr über sich selbst nachdenken, sich mit neuen Gedanken füttern, verliert ihr Ex-Partner in spe an Raum in ihrem Kopf. Selbstverständlich muss man sich während des Trennungsprozesses über sich und den Partner Gedanken machen. Aber ratsam ist es, sich gezielt ein paar Stunden am Tag mit anderen Dingen zu beschäftigen. Sie werden bemerken, dass Sie sich tatsächlich von ihrem Partner gedanklich befreien. Verringern Sie jeden Tag den Raum, die Zeit, die Sie ihm einräumen. Stattdessen schenken Sie sich selbst immer mehr Platz in ihrem Denksystem.

Eine meiner Freundinnen beschloss eines Tages, ihr Leben zu ändern. Ihr Ex-Mann sagte ihr einen Satz, den sie mir nicht erzählen konnte, der in ihr eine Welt zusammenbrechen ließ, der direkt an ihre Würde ging. Es war ein Satz, der ihr zeigte, was ihr Mann im tiefsten Innersten von ihr dachte. Meine Freundin fasste einen Entschluss. Alles vermeintlich Vernünftige war ihr plötzlich vollkommen egal. Es ging schließlich um ihre Würde, ihr höchstes Gut. Sie nahm nicht das gemeinsame Auto, fuhr nicht in die gemeinsame Wohnung, raste nicht zur nächsten Bank, um vom gemeinsamen Konto Geld abzuheben. Stattdessen ging sie zu ihrer Freundin ins Büro und ließ sich von ihr und dem von der Freundin zubereiteten Tee wärmen. Sie stand unter Schock. Der Satz, den meine Mutter predigte, schoss ihr plötzlich durch den Kopf: „Irgendetwas geht immer." Ein Gefühl von Stärke wuchs in ihr auf. Peu à peu baute sie sich ein neues Leben auf. Ihre Kinder, ihre Familie, ihre Freund_innen gaben ungeheuren Halt. Nicht eine Sekunde hat sie ihren Entschluss bereut.

Die eigene Kraft zu spüren, ist etwas unglaublich Schönes. Sie wird einem zuteil, wenn man loslässt. Lässt man nicht los, gibt man dem Menschen, der einem das Leben schwer macht, zu viel Raum im eigenen Leben, hat den Kopf im wahrsten Sinne des Wortes nicht frei und vergeudet damit unnötig Energie, die man nicht nur für den Neuanfang braucht. Es ist und bleibt eine Entscheidung, die man für sein Leben fällt.

Loslassen wird leichter, hat man eine Perspektive.

Fragen:

- Wovor habe ich Angst?
- Habe ich Angst vor Ungewissem?
- Fühlt sich die Vorstellung, unabhängig zu sein, gut an?
- Was mache ich, wenn ich unabhängig bin?
- Bin ich gerne abhängig?
- Mag ich es, wenn andere von mir abhängig sind?
- Was denke ich passiert, wenn ich loslasse?
- Habe ich das Gefühl, einen großen Fehler zu begehen, ließe ich los?
- Suche ich nach Rechtfertigungen, um nicht loslassen zu müssen?
- Würde ich mich unvollständig fühlen, ließe ich ihn aus meinem Leben gehen?
- Hat mein Nicht-Loslassen vielleicht mit ganz anderen Dingen zu tun, nicht direkt mit ihm?
- Habe ich es immer schwer loszulassen?
- Will ich aus Rache nicht loslassen? Weil er mich gekränkt hat?
- Lasse ich ihn aus Selbstbestrafung nicht los?
- Will ich ihn nicht loslassen, weil ich denke, dass er sein „wahres Ich" noch zeigt?
- Will ich nicht loslassen, weil ich meine, sonst nichts mehr zu haben?
- Will ich nicht loslassen, weil ich denke, es könnte wieder so werden wie früher?
- Wie fühlt es sich an, wenn ich mehr an mich denke, als an ihn?

Klug ist es mehr bei sich selbst zu sein und nicht durch den Ex- oder Noch-Partner zu denken. Man hält an etwas fest, was vorbei ist, anstatt sich etwas Neues und hoffentlich Gesundes zu gönnen.

Es gibt diesen schönen Satz: „Wo ein Ende ist, ist auch ein Anfang." Freuen Sie sich auf diesen Anfang.

Nun zu einem nicht minder wichtigen Thema:

Gedanken über die Finanzen

Manche haben es leicht in Dingen Finanzen, andere weniger.

Im Falle einer Trennung ist die Auseinandersetzung mit den Finanzen wichtig, denn es geht um Fairness. Sie sollten nicht diejenige sein, die über den Tisch gezogen wird. Sind Sie verheiratet, kommen Sie nicht umhin, professionelle Hilfe in Form eines Anwalts in Anspruch zu nehmen. Lassen Sie sich gut beraten, welche Chancen Sie haben. Wägen Sie für sich ab, wie Sie vorgehen wollen und in welchem Verhältnis dazu ein eventuell jahrelanger Rechtsstreit steht. Beraten Sie sich mit positiv gestrickten Freund_innen. Seien Sie offen für verschiedene Perspektiven.

Zudem wünsche ich allen Frauen finanzielle Unabhängigkeit. Ich kenne auch Frauen, die eine finanzielle Abhängigkeit wunderbar finden. Aber macht man sich damit nicht auch selbst unmündig? Bloß keine Verantwortung übernehmen, schon gar nicht für das eigene Leben? Für mich gehört die finanzielle Unabhängigkeit zur Grundlage des Erwachsenseins. Hier denken ein paar Frauen wahrscheinlich: Wenn man sich liebt, spielt Geld keine Rolle. Schön wäre es. Aber was passiert, wenn Sie als Liebespaar bei einer wichtigen finanziellen Entscheidung grundverschiedener Meinung sind? Da werden die Karten normalerweise noch mal neu gemischt. Denn für die meisten Menschen gilt noch: Wer das Geld verdient, hat die Macht...

Fragen:

- Was müsste er mir an Unterhalt zahlen?
- Was müsste ich ihm an Unterhalt zahlen?
- Was müsste er an Unterhalt für die Kinder zahlen?
- Gibt es gemeinsame Vermögenswerte?
- Wenn ich die Wohnung behalte: Wie kann ich sie finanzieren? Ist Untervermietung möglich?
- Brauche ich eine neue Wohnung?
- Was kosten mich die Einrichtung der neuen Wohnung?
- Wie viel Geld brauche ich für die Miete?
- Wie viel Geld brauche ich für Strom, Gas, Versicherungen?
- Brauche ich Geld für die Kaution? Wie viel?
- Was kostet mich die Krankenversicherung? Bei wem sind die Kinder familienversichert?
- Wie viel Geld brauche ich für die Kinder: Kleidung, Schulsachen, Sportaktivitäten, etc.?
- Wie viel Geld brauche ich für Bücher, Essen, Ausgehen, Kleidung, Sport, etc. für mich?
- Wie viel Geld brauche ich für das Internet, Telefon, Handy?
- Müssen gemeinsame Schulden abbezahlt werden?
- Brauche ich eine Monatskarte, ein Auto, beteilige ich mich an Carsharing? Wie kann es finanziert werden?

Ich halte mich für keinen materialistischen Menschen. Doch musste ich folgende für mich höchst interessante Erfahrung machen:

Vor vielen Jahren hatte ich einen Freund mit einem finanziellen Problem. Folglich zahlte ich die Miete und das Essen. Eines Tages musste eine Entscheidung getroffen werden, die mit Geld zu tun hatte. Ich war erstaunt festzustellen, dass er bei der Entscheidung mitreden wollte. Ich verlieh meiner Verwunderung Ausdruck, woraufhin ein heftiger Streit entflammte. In meinem Kopf hörte ich mich selbst immerzu sagen: „Ist er verrückt geworden? Ich darf alles zahlen und er will mir erzählen, was ich mit meinem Geld machen soll?"

Es ist nicht schlecht, wenn sich Paare auch auf dieser Ebene auf Augenhöhe begegnen. Was nicht heißt, dass man das gleiche Geld verdienen muss. Es ist aber nicht falsch, finanziell unabhängig zu sein. Ist man finanziell unabhängig, bestimmt man ganz selbstverständlich über das eigene Geld. Man ist niemandem gegenüber Rechenschaft schuldig. Allerdings sollte es meines Erachtens in einer Partnerschaft nicht wichtig sein, wer mehr Geld nach Hause bringt. Dies kann sich ja auch immer wieder verändern. In einer guten Partnerschaft sollte das Bedürfnis im Vordergrund stehen, sich als gemeinsame Kraft in allen Bereichen zu sehen.

Falls Sie nicht schon angefangen haben...

Zeit für einen detaillierten Plan

Zurück zum Plan Ihrer Wünsche und Bedürfnisse für Ihr zukünftiges Leben. Dieser detaillierte Plan erstreckt sich auf Tage, Wochen, Monate und Jahre. Alles braucht seine Zeit. Nehmen Sie sich diese Zeit. Schreiben Sie auf, welche Wünsche und Bedürfnisse Sie in den nächsten Tagen und Wochen für realisierbar halten. Kommen Sie dann zu den Wünschen, die Sie für die ferne Zukunft hegen.

Dieser Plan soll Ihnen helfen, konkret über Ihre Situation nachzudenken und diese durch konstruktive Aktivitäten zu verändern. Eine solche Liste offenbart Ihnen eventuell, was tief in Ihnen schlummert. Vielleicht auf Wünsche, die Sie sich bisher nicht einzugestehen wagten.

Seien Sie es sich wert, Ihre Wünsche und Gedanken für Ihre Zukunft niederzuschreiben. Schauen Sie sich Ihren Plan wohlwollend an. Es geht nicht um haargenaues Einhalten. Vielmehr soll der Plan als Leitfaden dienen, der Sie immer wieder liebevoll daran erinnert, was Sie sich in der Tiefe Ihres Herzens wirklich wünschen oder wollen beziehungsweise erledigen sollten.

Viele Frauen kennen die Wünsche ihres Partners besser als ihre eigenen. Einige von ihnen vergessen sich beinahe selbst und machen sich die Wünsche ihres Partners und auch die der Familie zu eigen. Solche Prozesse können schleichend sein und werden daher oft nicht gleich bemerkt.

Beispiele für einen detaillierten Plan:
(Sie vervollständigen bzw. ersetzen und ergänzen)

Heute
Möchte ich mich...
Schreibe ich...
Gehe ich...
Etc.

Diese Woche
Fange ich mit ... an.
Erkundige ich mich...
Die Finanzen...
Etc.

Diesen Monat
Nehme ich...in Angriff.
Arbeite ich daran...
Gönne ich mir...
Etc.

Die nächsten Wochen
Verändere ich...
Verreise ich...
Berate ich mich...
Etc.

Die nächsten 2 Monate
Strukturiere ich mein...
Sehe ich mir an, was...
Mache ich neue Pläne...
Etc.

Dieses Jahr
Will ich gerne...
Brauche ich für mich...
Werde ich vieles...
Etc.

Wie sieht mein Leben in fünf Jahren aus, wo will ich stehen?
Kinder...
Erfüllung...
Arbeit...
Etc.

Wen sehe ich in fünf Jahren an meiner Seite – und wen nicht?
Nur jemand...
Wer mich...
Ihn kann ich...
Etc.

Und seien Sie ruhig ab und zu stolz auf sich.

Kommen wir zurück zu Ihrem Partner. Was sind Sie für ihn?

Sind Sie die Therapeutin Ihres Partners?

Es gibt Männer, die nicht über sich nachdenken. Warum sollte man auch über sich nachdenken, wenn man einfach großartig ist? Scherz beiseite: Um über die eigenen Defizite und Probleme nicht reflektieren zu müssen, suchen sich Männer, die sich nicht in Frage stellen, Frauen, die sie mit ihren Problemen zuschütten können. Sie halten ihre Partnerinnen beschäftigt mit ihren eigenen Belangen. Es dreht sich alles um sie: um ihren Job, um ihr Geld, um ihre Hobbys, um ihre Erfolge und Misserfolge, um ihre Emotionen, um ihr Ego. Die Partnerinnen von derart egozentrischen Herren sind so mit den Bestätigungswünschen ihres Partners beschäftigt, dass sie an nichts anderes mehr denken können, schon gar nicht an sich selbst.

Damit Männer dieser Art sich weiterhin in ihrem Universum wichtig und großartig fühlen können, brauchen sie die allzeit bereite Therapeutin: ihre Partnerin. Das ist Energie raubende Arbeit, die Lebenszeit kostet, herunterzieht, wofür man nicht einmal in irgendeiner Weise entlohnt wird.

Es ist nicht einfach, jedoch fair und erwachsen, seine Kindheitsdefizite mit der dafür verantwortlichen Person oder mit Hilfe einer Fachfrau/eines Fachmannes zu klären. Auch hier ist Kommunikation wie immer ein gutes Mittel. Es scheint vielen Männern schwer zu fallen oder außerhalb ihres Universums zu sein, einen solchen Schritt in Erwägung zu ziehen. Jedoch befindet sich die Gesellschaft im Wandel. Einiges, was man für undenkbar hielt, wird schließlich Normalität.

Fragen:

- Berücksichtigt er mich in für ihn wichtigen Entscheidungen?
- Habe ich mir mehr von ihm erhofft, als wir uns kennenlernten?
- Wie ist sein Verhältnis zu seiner Mutter? Wie geht er damit um?
- Würde ich mein Leben ändern, wenn ich könnte?
- Habe ich in ihm meinen „guten Vater", „guten Großvater", „guten Bruder", meine „gute Mutter" gesucht?
- Fühle ich mich von ihm verstanden?
- Isoliert er mich von anderen?
- Wie viel Zeit verwende ich am Tag für mich?
- Verwende ich wesentlich mehr Zeit für ihn als für mich?
- Habe ich Angst, er würde ins Elend stürzen, wenn ich ihn verließe?
- Habe ich Sorge, nie wieder vertrauen zu können, verließe ich ihn?
- Ist das Gefühl gebraucht zu werden, wichtig für mich?
- Bin ich es von jeher gewohnt, funktionieren zu müssen?
- Wie geht es ihm damit, wenn ich etwas nur für mich mache?
- Bin ich in seiner Nähe ein glücklicherer Mensch?
- Fühle ich mich leer, wenn er nicht da ist?

Einer wundervollen Freundin war vier Jahre lang bewusst, dass eine Trennung von ihrem Freund für sie besser wäre. Er war für sie ein sehr aufregender Mann, jedoch als Lebenspartner im Laufe der Zeit unerträglich. Seiner Freundin warf er den gesamten Scherbenhaufen seiner Kindheit vor die Füße. Anstatt selbst sein nicht geklärtes Mutterproblem anzugehen, ließ er Ohnmacht, Wut, Hass, kurzum alles Negative an seiner Freundin aus. Sie wurde zur Stellvertreterin seiner Mutter, seiner Kindheit. Musste für Dinge herhalten, für die sie wahrlich nichts konnte, mit denen sie nichts zu tun hatte. Schließlich wurde ihr ihre Situation bewusst und sie fing an, sich von ihrem Freund zu entfernen.

Der nunmehr Ex-Freund meiner Freundin hat die Möglichkeit seine Kindheit zu verarbeiten und die cholerischen Ausbrüche in den Griff zu bekommen. Geht er seine Probleme nicht an, wird er in der jeweiligen Freundin die Mutter suchen, die er – in welcher Form auch immer – in der Kindheit vermisste. Diese wird er bei jeder möglichen Gelegenheit niedermachen, um sich größer zu fühlen. Seiner neuen Partnerin bleibt keine Chance, eine glückliche Beziehung mit ihm zu führen, geschweige denn, zu sich selbst zu kommen.

Befinden Sie sich in einer solchen Beziehung, ist es wieder mal ratsam, auch hierfür ein Tagebuch zu führen. Machen Sie jeden Tag Notizen über sein Verhalten Ihnen gegenüber. Wie reagieren Sie darauf? Was löst es bei Ihnen aus? Schreibt man jeden Tag das jeweilige Verhalten auf, hat man die Partnerschaft Schwarz auf Weiß.

Man kann sich nichts mehr schön denken. Dies hilft enorm, die eigene Situation besser zu sehen, zu erkennen. Überstürzen Sie nichts. Zuweilen steckt eine Frau in einer Lebensphase, wo ein Auszug aus der gemeinsamen Wohnung oder gar eine Trennung zu viel Energie kostet.

Schließlich kommt ein Zeitpunkt an dem das Handeln leichter fällt, denn:

Plötzlich sind Sie sich sicher

Betreiben Sie positive Gehirnwäsche mit sich. Sagen Sie sich jeden Tag: „Ich schaffe es", bis Sie es glauben. Sie werden staunen und:

Sie werden es schaffen!

Aus dem vermeintlichen Nichts kommt plötzlich ein Moment, in dem Sie genau wissen, dass der Zeitpunkt gekommen ist, die Partnerschaft zu beenden.

Die Freundin von mir, über die ich im vorangegangenen Kapitel schrieb, nahm sich eine eigene Wohnung und eine sechsmonatige Auszeit, um ihre Beziehung etwas sachlicher betrachten zu können. Und ich sage Ihnen, es funktionierte. Sie kam zu sich selbst und merkte, wie plötzlich eine Riesenlast von ihr abfiel. Sie beschäftigte sich wesentlich mehr mit sich selbst, lernte sich mit ihren Bedürfnissen besser kennen und baute sich täglich auf. Die sechsmonatige Auszeit war das Aus in der Beziehung. Ihr Ex-Freund stellte sich nicht den gemeinsamen Problemen, geschweige denn den eigenen. Sie wiederum stellte fest, dass sie sich viele Jahre extrem zurück gestellt hatte.

Es ist wunderschön, wenn man aus einer einengenden Beziehung herausfindet und für sich neu entscheiden kann, wie man sein Leben gestalten will. Ich glaube an das Hier und Jetzt. Von daher frage ich Sie, wenn nicht in diesem Leben, wann dann? Wann erlauben Sie sich ein Leben zu führen, in dem Sie glücklich sein dürfen? Oder sind Sie es?

Sollten Sie von sich wissen, dass Entscheidungen zu fällen, nicht gerade zu Ihren stärksten Eigenschaften gehört, kann ich Ihnen nur raten: Machen Sie eine Pause in Ihrer Beziehung. Nach ein paar Wochen, werden Sie spüren, ob eine Trennung vonnöten ist.

Haben Sie Angst vor einer Trennung? Ist es eine reelle Angst? Sie wissen, Ihr Partner neigt zur Gewalttätigkeit und Sie haben daher Sorge, im Falle einer Trennung seiner Gewalt ausgesetzt zu sein? Oder können Sie Ihre Angst nicht richtig orten, sie sich nicht erklären. Das ist eventuell der richtige Zeitpunkt, die Angst mittels einer Therapie anzugehen. Eine Therapie erfordert Mut und ebnet die Möglichkeit, viele Hürden im Leben leichter nehmen zu können. Sich den Ängsten zu stellen, tut nicht nur verdammt gut, sondern relativiert diese und erleichtert das Leben somit ungemein.

Sollten Sie Ihre Beziehung nun doch beenden, dann:

Passen Sie auf sich auf

Es gibt zugewandte, liebevolle, aufmerksame und souveräne Männer. Und dann gibt es welche, die es nicht ertragen können, spricht ihre Partnerin vom Trennungswunsch. Einige reagieren extrem aggressiv, selbst in sich ruhende Zeitgenossen, die normalerweise nicht zur Gewalttätigkeit neigen. Sollten Sie sich von Ihrem Partner trennen wollen, verabreden Sie sich zum Trennungsgespräch vorsichtshalber an einem sicheren Ort, einem Ort, wo Sie von anderen Menschen umgeben sind.

Der Schulfreund eines Freundes von mir bekam von seiner Frau nach sechs Monaten Ehe den Laufpass, ungünstigerweise in der gemeinsamen Wohnung. Er, ein ganz ruhiger, sanfter und vermeintlich harmloser Zeitgenosse, rastete aus. Mein Freund war fassungslos, als er von dem Vorfall hörte. Sein Freund hatte seine Frau gegen die Wand geknallt und auf sie eingeschlagen. Sie hatte großes Glück gehabt, dass sie nur mit Blessuren und Hämatomen davon kam. Leider schalteten sich bei ihr nicht die Alarmglocken ein. Sie blieb. Einen Menschen verlor der Ausrastende jedoch: meinen Freund.

Das Wort „Trennung" löst bei vielen doch sehr unterschiedliches aus. Da mutiert so mancher Mann zum Muttersöhnchen, dem die Muttermilch entzogen wird. Andere wiederum blockieren total und stürzen sich in die nächste Beziehung. Einige verstehen die Welt nicht mehr, ahnten nichts von einer bevorstehenden Trennung.

Zuweilen gibt es leider auch Menschen, die mit Selbstmord drohen, teilt man ihnen den Trennungswunsch mit. Sollte Ihnen das passieren, beraten Sie sich mit Freund_innen und/oder auch Fachleuten.

Fragen:

- Ist es möglich, dass er heftig reagiert, wenn ich ihm eine Trennung vorschlage?
- Spreche ich meinen Trennungswunsch aus Sorge vor seiner Reaktion nicht an?
- Wo und wie möchte ich ihm meinen Wunsch nach Trennung nahe bringen?
- Denke ich, ich darf ihn nicht verlassen, weil er sonst keinen Sinn mehr im Leben sieht?
- Verlasse ich ihn nicht, aus Angst vor den vermeintlichen Konsequenzen?
- Habe ich mir eine Strategie zurechtgelegt, wie ich mich von ihm abgrenzen kann?
- Was empfinde ich, wenn er nur mit mir an seiner Seite weiterleben will?
- Habe ich Angst davor, einen irreversiblen Fehler zu machen?
- Denke ich, dass nur ein gefühlloser Mensch, einen Menschen in Not verlassen könnte?
- Droht er mir, weil ich ihm so viel bedeute?
- Glaube ich ihm seine Selbstmorddrohung oder möchte er mich so an sich binden?
- Welches Gefühl löst es in mir aus, spricht er von Selbstmord? Leere? Hilflosigkeit? Wut? Angst? Gelähmtheit? Sorge? Trauer?
- Wen kann ich um Hilfe bitten?

Eine Selbstmorddrohung gehört zu den niedrigsten und bösesten Erpressungen, die ein Mensch einem anderen gegenüber äußern kann.

Der Ex-Partner einer Bekannten drohte ihr mit Selbstmord. Sie sagte daraufhin, sie sei auf dem Weg zu ihm. Stattdessen rief sie einen engen Freund des Mannes an, der sich um den mit Selbstmord drohenden Ex-Partner kümmerte. Meine Bekannte brach jeglichen Kontakt zu ihrem Ex ab. Er brachte sich nicht um. Warum auch?

Menschen, die sich wirklich umbringen wollen, drohen nicht, sondern machen es in der Regel. Einige von ihnen melden sich, um sich zu verabschieden. Aber selten, um jemand anderen unter Druck zu setzen. Es gibt natürlich Menschen, die mit Selbstmord drohen und es auch in die Tat umsetzen, aber das sind Ausnahmen. An sich bringt man sich nicht eines anderen Menschen wegen um. Es geht immer um den inneren Zustand. Ein anderer Mensch kann höchstens ein Auslöser oder vorgeschobener Grund sein, damit man die Verantwortung für das eigene Handeln nicht tragen muss.

Eine meiner Bekannten wartete eines Nachts in Berlin auf ihren Freund. Er kam nicht, da er sich zu diesem Zeitpunkt schon auf dem Weg nach Hamburg zu seiner Ex-Freundin befand. Sie hatte ihm mit den Worten gedroht: „Erscheinst du bis heute Abend nicht, springe ich vom Balkon." Sie kamen tatsächlich wieder zusammen. Nach zwei Jahren zerbrach die Beziehung, von der meiner Bekannten und ihrem Freund ganz zu schweigen.

Lassen Sie sich nicht erpressen, weder durch ein „Mein Leben hat ohne Dich keinen Sinn" noch durch Androhung von Gewalt oder Selbstmord. Hat man gemeinsame Kinder, bleibt einem kaum eine Chance, nicht erpressbar zu sein. Konsultieren Sie in solchem Falle Fachleute und/oder das Jugendamt. Unternehmen Sie etwas. Ansonsten bleiben Sie Ihren Lebtag lang erpressbar, bis der Erpressende eine andere Person zum Tyrannisieren gefunden hat.

Also, passen Sie gut auf sich auf, sowohl psychisch als auch physisch, wenn Sie Ihren Trennungswunsch aussprechen. Grenzen Sie sich gut ab.

Wie auch beim nächsten Kapitel:

Worauf Sie beim Diskutieren achten sollten

Liegt Ihnen noch etwas an Ihrem Partner? Gibt es Dinge, die Sie klären möchten? Besprechen Sie alles mit ihm, in möglichst wohlwollender Art. Nicht jedem ist das Diskutieren gegeben. Geht Ihr Partner verbal unter die Gürtellinie, beenden Sie besser die Unterhaltung. Fällt Ihnen das Beenden schwer? Warum ist das so? Was können Sie ändern, um sich bei einem solchen Gespräch nicht ausgeliefert zu fühlen?

Oder werden Sie selbst verletzend? Warum? Es tut gut und zeigt gleichzeitig menschliche Größe, wenn man noch respektvoll miteinander umgeht. Schließlich war der Partner mal eine Vertrauensperson – oder?

Eine liebe Freundin meinerseits wollte mit ihrem Mann über ein Problem sprechen, über das viele Paare nicht im Konsens sind: Dem Benutzen der Toilette. Ein leidiges Thema, welches durch den Kumpel des Mannes, der wöchentlich denselbigen besuchte, auf das Tablett gebracht wurde. Dieser hatte im Bad eindeutige Orientierungsprobleme. Meine Freundin gedachte keinesfalls, die doch sehr unangenehmen Hinterlassenschaften des Kumpels zu beseitigen. Der Mann meiner Freundin fand seine Frau übertrieben und es müßig, über die Angelegenheit zu reden. Sogleich stellte sie ihren Mann vor zwei Alternativen. Entweder spreche er mit seinem Kumpel über die hygienische Benutzung der Toilette oder er dürfe die Toilette nach jedem Besuch des Kumpels säubern. Der Mann zog das säubern vor.

Worauf Sie beim Diskutieren achten sollten:

- Vermeiden Sie Reizworte
- Sagen Sie etwas Nettes, bevor und nachdem Sie ihn kritisieren
- Wenn er Sie verletzt, atmen Sie erst einmal tief durch und antworten Sie ihm möglichst ruhig oder lächeln milde (auch wenn Sie sich nicht danach fühlen)
- Sprechen Sie nie schlecht von seiner Familie
- Vergleichen Sie ihn nicht mit sich – auch wenn er es tut...
- Wird es schwierig, suchen Sie Körperkontakt, Berührungen (es ist kein Sex gemeint) – so bilden Sie eine Vertrauensebene
- Machen Sie ihm keine Vorwürfe
- Unterbreiten Sie ihm Kompromissangebote
- Geben Sie ihm das Gefühl, im gleichen Boot zu sitzen
- Versuchen Sie, möglichst wenig zu erwarten

Schön, wenn Ihr Partner auch auf alle diese Punkte achtet. Beim Diskutieren oder auch Streiten, können einem Worte über die Lippen kommen, die man später bereut. Seien Sie achtsam und bleiben Sie bei sich.

Sollten Sie bei allen Bemühungen sehen, dass sie beide es alles andere als leicht miteinander haben, so ist das Thema des folgenden Kapitels in Erwägung zu ziehen:

Eine komplizierte Beziehung beenden?

Was ist eine komplizierte Beziehung? Es ist eine Beziehung in der man sich nicht verstanden fühlt, wo man keine Geborgenheit, kein Vertrauen empfindet, wo man ständig in Hab-Acht-Stellung ist, wo man jedes Wort, jeden Satz auf die Goldwaage legen muss, wo eine Person in der Beziehung noch mit einer anderen Person liiert ist oder wo beide einen vollkommen anderen Tagesablauf haben (zum Beispiel: Bäcker und Gastwirtin) und sich dadurch nicht sehen können. Oder wenn Sie sich schon beim Gedanken, nach Hause zu kommen, verspannen. Wenn Sie im Voraus wissen, dass jeder Satz Ihnen im Munde verdreht wird. So ein Prozess kann sich unbemerkt einschleichen. Plötzlich sehnt man sich danach, alleine zu Hause zu sein. Endlich entspannen...

Oder Sie haben das Gefühl, weniger wert zu sein als Ihr Partner und gehen immer mehr und mehr in eine passive Rolle. Sie lassen vieles über sich ergehen, ohne es in Frage zu stellen, haben schon aufgegeben, da Ihnen scheinbar kein glückliches Leben zusteht. Oder Sie sind mit Ihrem Gegensatz zusammen und sprechen nicht dieselbe Sprache, verstehen sich gegenseitig nicht. Sie denken, ticken einfach anders. Missverständnisse sind an der Tagesordnung, aber sie kommen nicht voneinander los.

Das Unbekannte, der Gegensatz hat nun mal eine anziehende Wirkung. Entweder man akzeptiert, dass man sich nicht in jeder Hinsicht versteht oder zieht die Konsequenzen und arbeitet an einer Trennung.

Fragen:

- Befinde ich mich in einer Beziehung, die kompliziert ist?
- Erkenne ich Muster aus meiner Kindheit wieder?
- Habe ich das Gefühl unterfordert zu sein, wenn ich mit einem unkomplizierten Mann liiert bin?
- Finde ich es normal oder gefällt es mir, wenn mein Partner kompliziert beziehungsweise schwierig ist?
- Habe ich mich an die Kompliziertheit evtl. gewöhnt?
- Will ich ein anstrengendes Leben führen?
- Glaube ich, dass liebe Männer meist langweilig oder sogar unmännlich sind?
- Wie waren meine männlichen Vorbilder?
- Was für eine Beziehung haben oder hatten meine Eltern?
- Weiß ich nicht, wie ich meine komplizierte Beziehung beenden kann?
- Wovor habe ich Angst?
- Fühle ich mich ganz schnell fehl am Platze in einer harmonischen Beziehung?
- Hält mich das Kümmern um einen anderen Menschen davon ab, mich um meine eigenen Projekte, meine Interessen zu kümmern?
- Hält mich das Kümmern um einen anderen Menschen davon ab, mich um meine eigenen Probleme zu kümmern? Ist es mir recht?

Sind Sie mit einem vergebenen und/oder verheirateten Mann zusammen? Ganz gleich, was er Ihnen erzählt, die Beziehung ist noch nicht abgeschlossen.

Ich kannte ein Paar, das absolut gegensätzlich war. Sie redete ohne Punkt und Komma – er war das Schweigen im Walde. Sie arbeitete als Krankenschwester im Schichtdienst, er leitete einen Großhandel und hatte nur nachts Zeit. Verabredungen erwiesen sich als schwierig, da er im Gegensatz zu ihr die Unpünktlichkeit in Person war. Sie liebte geselliges Ausgehen, Tanzabende mit Freund_innen, er favorisierte Abendessen in Restaurants zu zweit. Um sich öfter sehen zu können, zogen sie schließlich zusammen. Nach Tagen des vermeintlichen Zusammenlebens, wo sie ihn de facto nicht mehr zu Gesicht bekam, packte sie ihre Sachen und zog aus. Später stellte sich heraus, dass er neben der Beziehung mit ihr, drei weitere Damen stetig sah. Er schwieg.

Es gibt Menschen, die nicht über ihre Beziehung nachdenken wollen und den Alltagsproblemen entfliehen. Dabei beherzigen einige von ihnen nicht den Satz, den meine Mutter predigte:

Glück nicht auf dem Unglück anderer bauen

Ich denke, dass kaum jemand davor gefeit ist, eine Beziehung mit einem vergebenen Menschen einzugehen. In dieser Phase ist man sich in der Regel nicht genug wert, einen Menschen für sich allein zu haben. Man begnügt sich damit, jemanden zu teilen.

Haben Sie sich in einen besetzten Mann verliebt und denken, die andere Frau ist einfach nicht die Richtige für ihn? Oder der Mann hat Ihnen keinen reinen Wein eingeschenkt und hat Ihnen am Anfang Ihrer Beziehung Glauben gemacht, er sei frei? Dann hatten Sie nicht wirklich eine Chance. Haben Sie erst während Ihrer Beziehung von der Frau Ihres Freundes erfahren, kann ich Ihnen nur den Rat geben: Versetzen Sie sich in die andere Frau hinein. Versuchen Sie nachzuvollziehen, wie es sich anfühlt, wenn sich ein anderer Mensch zwischen Sie und Ihren Partner schiebt.

Eine gute Freundin von mir fing eine Beziehung mit einem vermeintlich harmlosen Mann an. Sie war noch unglücklich verheiratet, trennte sich aber schließlich von ihrem Mann. Der vermeintlich Harmlose blieb ein paar Jahre mit ihr zusammen. Es war eine schwierige Beziehung. Sie endete damit, dass der Harmlose sie mit einer anderen Frau betrog, während sie sich um seine Kinder kümmerte. Im Grunde musste sie sich nicht wundern. Genauso fing ihre Beziehung auch an. Was sein Verhalten nicht entschuldigt. Dennoch war es für sie ein Schock.

Diese Freundin hätte erst einmal ihre Ehe beenden sollen. Dann hätte sie die Zeit gehabt, diese zu verarbeiten und wäre als selbstbewusste Frau für eine neue Beziehung bereit gewesen. Sie brauchte längere Zeit, um von dem vermeintlich Harmlosen loszukommen und parallel die kaputt gegangene Beziehung von ihrem Ex-Mann und Vater ihrer Kinder zu verarbeiten. Durch ihre Laissez-faire-Haltung belastete sie ihr Leben mit zwei Baustellen. Schließlich wusste sie, dass die Trennung nicht durch den vermeintlich Harmlosen schwer wurde. Sie wurde es alter Verhaltensmuster wegen. Im Nachhinein nahm sie sich die Zeit, sich mit ihrer Vergangenheit auseinander zu setzen. Sie fing an zu überlegen, warum sie sich diesen Typ Mann angetan hatte, der ihr nicht gut tat. Zudem baute sie sich jeden Tag mit etwas Positivem auf, Schritt für Schritt. Schließlich war sie bereit für eine unkomplizierte Beziehung und fand diese auch.

Eine junge Frau verliebte sich unsterblich in einen jungen, charmanten Mann. Sie erzählte mir von ihm. Ich sagte ihr, dass es danach klinge, als sei er verheiratet und habe ein kleines Kind. Sie war entsetzt. Dann fragte sie ihn und erfuhr, dass er verheiratet war und mit seiner Frau ein dreijähriges Kind hatte. Natürlich lebte er mit seiner Frau nur noch wie Bruder und Schwester zusammen - ob die Frau das auch wusste? Ich fragte sie, wer denn auf das kleine dreijährige Mädchen aufpasse? Was sie glaube, wer die Kleine abends ins Bett bringe? Wer denn morgens die Kleine für den Kindergarten fertig mache und hinbringe? Morgens, wenn der Vater sich noch ausruhen müsse von der anstrengenden Nacht, wo er um die Häuser zog?

Leider fruchtete das immer noch nicht. Ich riet ihr, ihn zu fragen, ob er und seine Frau noch ein Bett teilten? Aber das wollte sie nicht wissen. Schließlich fragte sie ihn doch, nachdem sie ein wenig misstrauisch wurde. Er bejahte dies. Sie war immer noch nicht geheilt. Sie spürte, dass sie die richtige Frau für ihn sei. Manchmal jedoch hilft ein bisschen Realität. Eines Tages stellte sie sich in die Nähe des Hauseinganges seiner Wohnung, um seine Frau leibhaftig zu sehen. Sie sah sie, kam immer noch nicht los, hatte aber zumindest ein schlechtes Gewissen.

Erst als sie erfuhr, dass sich der verheiratete Mann noch mit einer dritten Frau traf, fiel bei ihr der Groschen und eine Spur von Selbstwertgefühl kam in ihr auf. Mit der Ehefrau des selbstherrlichen Mannes hatte sie sich eingerichtet, mit der Geliebten Nr. 2 konnte sie nicht leben. Es war ihr nicht mehr möglich, sich länger vorzumachen, dass sie „die eigentlich Richtige" für den Angehimmelten sei. Endlich konnte sie klar denken und verließ den verheirateten Mann.

Mischt man sich in eine Beziehung ein, tut man mindestens zwei Menschen Unrecht: Der anderen Frau, sich selbst und wenn Kinder mit im Spiel sind, so auch ihnen. Man lädt sehr viel Verantwortung auf die eigenen Schultern. So leicht gerät man in eine solche Situation, denn Liebe macht bekanntlich blind. Aber wir sind doch keine Lämmer, die sich ihrem Schicksal einfach ergeben. Sollten Sie sich gerade in einer solchen Beziehung befinden, sehen Sie zu, schnellstmöglich aus dieser herauszukommen. Sie wollen doch eine schöne, gesunde und unkomplizierte Beziehung – oder?

Fragen:

- Bin ich es wert, einen Menschen allein für mich zu haben?
- Glaube ich, dass es Niemanden gibt, dem ich allein genügen würde?
- Habe ich Angst vor einer engen Bindung?
- Bin ich vielleicht mit einem besetzten Mann zusammen, damit ich mich leichter aus der Affäre ziehen kann? Damit ich mein Herz vor tiefen Gefühlen schützen kann? Um nie wieder die grausamen Schmerzen erleiden zu müssen, die ich zu gut kenne?
- Gönne ich mir nicht, eine glückliche Frau zu sein?
- Lebe ich gerne im Hintergrund, als zu verheimlichende Person?
- Gibt es meinem Leben einen Kick, etwas „Unerlaubtes", „Unmoralisches" zu machen? Finde ich es dadurch interessanter?
- Was bin ich mir wert?
- Hatte ich auch mal einen Partner, der mich mit einer anderen Frau betrog? Wie fühlte sich das an?
- Betrog ich in meinem Leben auch mal den Partner mit einem anderen Mann? Wie ist es mir dabei ergangen?
- Fühlte ich mich als Kind von meiner Mutter geliebt?
- Fühlte ich mich als Kind von meinem Vater geliebt?

Räumen Sie bei sich auf. Nur denken Sie nicht, Sie müssen auch Ihrem Partner beim Aufräumen helfen oder ihn eventuell verändern, damit er zu seinem vermeintlichen Glück kommt, zu dem Glück mit Ihnen...

Bleiben Sie bei sich und erlauben Sie sich auch „schwache" Momente:

Sie müssen nicht immer die Starke sein

Es tut verdammt gut, nicht immer die Starke sein zu müssen. Keine Angst, Sie verlieren nicht an Ansehen, ganz im Gegenteil. Am Spruch: „Schwäche zu zeigen ist eine Art von Stärke" ist viel Wahres dran. Ich bin dieses „Sie ist stark, die andere ist schwach" vollkommen leid. Sehen Sie sich in Ihrem Bekanntenkreis um. Analysieren Sie die Frauen und Ihnen wird auffallen, dass jede auf verschiedenen Gebieten stark und auf anderen schwach ist – was jeweils natürlich auch schon eine subjektive Wertung ist.

Glück, wer als Kind seinen Gefühlen freien Lauf lassen konnte, ohne immerzu bewertet worden zu sein. Wer dies als Kind nicht konnte, wurde somit in der Entwicklung gehemmt. Eine Form von Strenge sich selbst gegenüber ist oft die Folge. Frauen dieser Art maßregeln sich oft, versagen sich vieles, verfallen mitunter in Passivität, trauen sich mitunter zu wenig zu, kompensieren den Mangel an Lob in der Kindheit mit übereifrigem Handeln für andere.

Ich lernte eine Frau kennen, die ihrem Partner stets alles recht machen musste und jeden Tag zeigte, dass sie alles perfekt beherrsche. Sie war beruflich ganz vorn, hatte trotzdem noch Zeit für die Kinder und bekochte die Familie nebenbei, als wäre es ein Kinderspiel. Sie war selbstverständlich immer gut gelaunt und wie aus dem Ei gepellt, organisierte das soziale Leben der Familie und kannte sich bestens bei den Bestsellerlisten aus. Was für eine starke Frau. Ihr Partner ging fremd.

Gerade bei dem Mann, den man liebt, sollte eine Frau ab und zu „schwach" sein dürfen. Das finden Männer im Übrigen wunderbar. Sie können dann zeigen, wie „stark" sie sind. Dies füttert ihre sogenannte Männlichkeit, selbst wenn sie wissen, dass ihre Frau mindestens so stark ist, wie sie selbst, wenn nicht stärker. Sie würden sich doch auch erschrecken, wenn Ihr Partner nur aus „Stärken" bestünde?

Eine meiner „Schwächen" heißt: Kontrollzwang. Das Liebste wäre mir, wüsste ich genau, was jeder in meiner Familie wann, wo und wie macht. Aber ich weiß um diese nicht so schmeichelnde Eigenschaft. Selbst scheinbar belanglose Dinge, wie das Einräumen der Geschirrspülmaschine, können zur Herausforderung werden. Natürlich habe ich im Laufe der Zeit gelernt, mich zu beherrschen oder erst die Maschine umzuräumen, wenn ich alleine bin. Doch immer öfter sage ich mir: Lass es sein, lass locker und amüsiere mich über mich selbst.

Überdenken Sie den Umgang mit Ihren eigenen „Schwächen." Akzeptieren Sie Ihre angenommenen Schwächen. Stehen Sie zu Ihnen. Fangen Sie an, sie zu lieben. So erleichtern Sie das Zusammenleben mit Ihnen, für sich selbst und die anderen. Selbstironie ist bei der Auseinandersetzung mit vermeintlichen Schwächen durchaus hilfreich und beweist Ihre Stärke.

Diese Stärke ist vonnöten und wächst, sollte sich Ihr Leben im Wandel befinden:

Keine Angst vor Veränderungen

Ich kenne eine junge Frau, der jede Veränderung im Leben schwer fiel. Die erste große, gefühlsmäßig sehr einschneidende Veränderung in ihrem Leben war die Trennung ihrer Eltern. Veränderung war ab dem Zeitpunkt gleichgesetzt mit schrecklichem Schmerz. Auf den wollte sie gern verzichten. Befinden sich Frauen dieser Art in einer für sie schlechten Beziehung, bleiben sie meist länger mit einem Menschen zusammen, als gut für sie ist und ihnen zusätzlich ihre Lebenszeit stiehlt. Sehr oft sind Partnerschaften dieser Art von ständigem sich Trennen und Versöhnen gekennzeichnet.

Erkennen Sie Ihre Beziehung wieder? Oftmals ist es besser, den Partner loszulassen und eine Veränderung in Kauf zu nehmen. Lassen Sie sich überraschen. Eine Veränderung kann auch ein Gewinn sein. Nehmen Sie sich erst einmal eine kleine Veränderung vor. Schreiben Sie sich Ihre Tagesabläufe auf. Haben Sie Zeiten, wo Sie nur für sich selbst sorgen – losgelöst von Ihrem Partner und Beruf? Nehmen Sie sich paar Tage frei, wenn möglich, und fahren Sie alleine weg. Besinnen Sie sich auf sich selbst. Auf diese Art verändern Sie etwas in Ihrem System. Sollten Sie mit Ihrem Partner zusammenleben, wäre der nächste größere Schritt, sich räumlich zu trennen. Machen Sie ihm die räumliche Trennung schmackhaft, indem Sie beispielsweise erklären, dass sie beide auf diese Art wieder Sehnsucht nach dem anderen verspüren können. Was im Übrigen durchaus möglich ist. Lassen Sie ein paar Monate verstreichen.

Beobachten Sie, was die räumliche Trennung bei Ihnen bewirkt und notieren Sie sowohl Ihre wie auch seine Reaktionen. Das ist immer ein guter Gradmesser, um Ihre (Noch-)Beziehung zu beurteilen.

Fragen:

- Habe ich Angst vor Veränderungen?
- Was passiert bei einer Veränderung?
- Soll mein Leben so bleiben, wie es ist?
- Mache ich das Beste aus mir? Falls nicht, was kann ich ändern?
- Habe ich eine Perspektive für mich?
- Was für Frauen habe ich als Vorbilder?
- Habe ich gute Freund_innen, mit denen ich mich austauschen kann?
- Was kann mich leicht verunsichern? Wie kann ich es ändern?
- Worauf bin ich stolz?
- Was würde oder könnte passieren, wenn ich meine Ängste anginge?
- Bin ich vielleicht stärker, als ich denke?
- Will ich etwas anderes ausprobieren, mich selbst überraschen?
- Erlaube ich mir, ganz egoistisch zu sein?
- Bin ich vielleicht mit dem für mich falschen Mann zusammen, nur um einen Partner zu haben?
- Hindert bzw. hemmt mich meine Angst vor Veränderungen daran, mich zu trennen?
- Habe ich Sorge, bei einer Trennung in große Traurigkeit zu verfallen?

Wollen Sie sich befreien, um Platz zu schaffen für die Beziehung, die Sie glücklicher machen könnte? Durchforschen Sie Ihre Kindheit und überlegen Sie, welche Trennung/welches Ereignis Ihnen Angst gemacht, Ihnen den Boden unter den Füßen weggezogen hat. Es muss ein einschneidendes Erlebnis gewesen sein. Ich kenne viele Menschen, die sich an einiges aus ihrer Kindheit nicht erinnern können. Von Zeit zu Zeit kommt die Erinnerung durch Träume oder Erlebnisse ähnlicher Art wieder. Sensibilisieren Sie sich und geben Sie Ihrem Gedächtnis quasi die Erlaubnis, sich an Erlebnisse aus der Kindheit erinnern zu dürfen.

Haben Sie sich getrennt und fällt Ihnen die Trennung schwer? Schreiben Sie auf, warum dem so ist. Gibt es Dinge, die Sie ändern können? Liegt es eventuell an Gewohnheiten? Da kann ich Ihnen die frohe Botschaft mitteilen, dass es mit der Zeit leichter wird.

Es ist auf jeden Fall ratsam, zunächst keinen Kontakt zum (Ex-)Partner zu halten. Das Wort „halten" ist in diesem Zusammenhang wörtlich zu nehmen. Denn jeglicher Kontakt ist auch ein Fest-Halten der Beziehung, dazu gehören auch e-Mails, WhatsApp Nachrichten und SMS. Ist es eine sehr schwierige Trennung, wäre ein Ortswechsel – falls möglich – ein kluger Schritt.

Hier greift das Sprichwort: Lieber ein Ende mit Schrecken, als ein Schrecken ohne Ende...

Gewalt hat nichts mit Liebe zu tun

Eine ältere Freundin meinerseits hatte so große Angst vor ihrem Mann, dass sie ihn nicht verlassen konnte. Das klingt unlogisch, aber Angst ist nun mal irrational. Man fürchtet sich vorm Partner und dieser scheint einem fast übermächtig. Den Mann über sich zu stellen oder sogar die Angst vorm Partner, halten leider viele Frauen für normal, was kein Wunder ist.

Erst Anfang des 21. Jahrhunderts wurden peu à peu Gesetzesänderungen vorgenommen, die das Bewusstsein von häuslicher Gewalt in der Gesellschaft veränderten. Am 1. Januar 2002 trat schließlich das Gewaltschutzgesetz in Kraft. Insbesondere für Frauen hatte es also bis vor Kurzem den Anschein, dass man doch eine Art Eigentum des Ehemannes sei. Der Ehemann als das Bestimmende in der Ehe, der das Recht selbst ist. Von daher kommt es nicht von ungefähr, wenn einige Frauen meinen, es sei sogar normal, vom Partner geschlagen zu werden.

Wie viele Frauen kennen Sie, die von ihrem Mann physische oder psychische Gewalt erfahren und immer wieder zu ihm zurückkehren? Wie viele Frauen kennen Sie, die jeden Tag gedemütigt werden und ihren Mann nicht verlassen? Frauen, denen Gewalt angetan wird und sich nicht wehren können, haben als Kinder physische oder psychische Gewalt erfahren und das oftmals von Familienmitglieder_innen, die ihnen an sich Stabilität und Wärme geben sollten. So gehört für diese Frauen Gewalt und Angst leider zum Alltag.

Fragen:

- Prägte verbale Gewalt meine Kindheit?
- Prägte körperliche Gewalt meine Kindheit?
- Wird er bei Streitereien verbal verletzend?
- Habe ich Angst, er könnte meinen Kindern gegenüber gewalttätig sein?
- Haben meine Kinder Angst vor ihm? Brüllt er sie an, schlägt er sie?
- Schlägt er mich?
- Fühle ich mich ihm ausgeliefert?
- Übe ich Gewalt gegenüber meinem Partner aus?
- Übe ich meinen Kindern gegenüber Gewalt aus?
- Finde ich es normal, wenn man gegen mich Gewalt ausübt ist? Ob psychischer oder auch physischer Natur?
- Wie verhalten sich meine Freund_innen mir gegenüber, wenn es um meinen Partner geht?
- Schützte meine Mutter mich als Kind, wenn mir etwas Angst machte? Glaubte sie mir?
- Schützte mein Vater mich als Kind, wenn mir etwas Angst machte? Glaubte er mir?
- Ist es für mich normal, meine Wünsche zu Hause nicht auszusprechen?
- Fühle ich mich wie gelähmt, wenn ich einen Gewaltakt erlebe?
- Meine ich, alles über mich ergehen lassen zu müssen?
- Habe ich Angst vor ihm?

Frauen denen Gewalt angetan wurde, brauchen Unterstützung von außen. Insbesondere, wenn Kinder mit von der Partie sind. Ansonsten haben sie kaum eine Chance aus ihrer Situation herauszukommen, da sich die meisten dieser Frauen wenig zutrauen und/oder ihrer Wahrnehmung nicht trauen. So zweifeln zum Beispiel Menschen, die als Kinder sexuell missbraucht wurden, noch als Erwachsene und manchmal ein Leben lang an ihrer Wahrnehmung, wenn sie nicht über das Geschehene reflektieren und es verarbeiten konnten – sofern es ihnen gegeben ist, sich an das Vorgefallene zu erinnern.

Ich kannte eine Frau, die nach außen hin eine souveräne Geschäftsfrau war, eine Firma mit vierzehn Angestellten leitete, ein absolut resolutes Auftreten hatte. Ihr Freund stieß sie eines Abends aus dem fahrenden Auto. Er war betrunken. Man glaubt es kaum, aber sie ging zu ihm zurück. In ihren sexuellen Beziehungen war sie immer das Opfer. Der Mensch, den man ungestraft treten darf: Körperliche Züchtigung gleich Liebe.

Hatte man im Kleinkindalter ein traumatisches Erlebnis, kann man sich an dieses im Erwachsenenalter oftmals nicht erinnern. Als Kind ist es nicht möglich ein schwer traumatisches Erlebnis zu verarbeiten. Der Überlebenstrieb hilft in der Norm der Kinderseele das Erlebte zu Verdrängen, um daran nicht zugrunde zu gehen. In der Regel verarbeiten Menschen von der Jugend bis ins hohe Erwachsenenalter sukzessive ihre traumatischen Erlebnisse in großen zeitlichen Abständen.

Die Erinnerung an das Traumatisierende kann durch eine Begebenheit ausgelöst werden, die das Hirn mit dem Trauma in Verbindung bringt. So ist es von besonderer Wichtigkeit, dass diese Frauen von außen geschützt, unterstützt und aufgebaut werden. Vielen betroffenen Frauen wird erst bei Wiedererlangung ihrer Würde bewusst, dass sie ihrer Wahrnehmung vertrauen, sich wehren dürfen beziehungsweise können.

Durchbricht man den Teufelskreis, dämmt man die Gewalt, die in verschiedenen Formen auftreten kann, ein. Ansonsten wird diese an die Kinder und Kindeskinder weiter gegeben. Zudem bietet man auf diese Weise betroffenen Frauen die Chance auf ein gewaltfreies Leben und auch ihren Kindern, sofern diese vorhanden sind. Schafft man es, über die erlebten Traumata zu reflektieren und wird sich somit einiger Dinge bewusst, ist schon mal die halbe Miete drin. Im Übrigen kann auch eine gegen sich selbst gerichtete Gewalt durch die Bewusstwerdung in Positives verwandelt werden.

Diesen Prozess unterstützend, gibt es nebst Therapeut_innen auch Institutionen, die auf diese Fälle spezialisiert sind. Sie bieten betroffenen Frauen und Kindern sowohl Schutz als auch Angebote zur Bewältigung ihrer Traumata an. Gehören Sie zu den Frauen, denen Gewalt angetan wurde oder wird? Ob die Gewalt physischer oder psychischer Natur ist, Sie können den Zustand verändern, sofern Sie sich dessen bewusst werden, sich aufbauen und es wollen. Ich spreche aus Erfahrung. Sie können es schaffen, wenn Sie für sich kämpfen.

Fragen:

- Habe ich Angst, dass meine Lebenssituation sich verschlimmert, wenn ich mich wehre, wenn ich andere um Hilfe bäte, wenn ich mein Zuhause verließe?
- Habe ich Ängste, die mit meiner Kindheit zu tun haben könnten?
- Fände ich es in Ordnung, wenn es meinen Kindern genauso erginge wie mir?
- Möchte ich, dass meinen Kindern geholfen wird?
- Lasse ich Hilfe zu?
- Achte ich mich?
- Achten meine Kinder mich?
- Habe ich das Gefühl, für meine Kinder nicht richtig da zu sein?

Selbstredend ist es extrem schwer sich umzustrukturieren, wenn eine Frau, anstatt Zuneigung und Zärtlichkeit, Gewalt von elterlicher Seite oder dem nahen Umfeld in der Kindheit erleben musste. Sagen Sie sich immer wieder:

Liebe ist etwas Wunderschönes, Warmes und hat nichts mit Gewalt zu tun.

Sollten Sie oder Ihre Kinder von Ihrem Partner geschlagen werden, können Sie die Polizei anrufen und diese befördert ihn dann aus der Wohnung. Haben Sie Kinder, überlegen Sie sich, was für ein Leben Sie Ihren Kindern bieten wollen.

Für Kinder gibt es kaum Schlimmeres, als ein Zuhause voll von Missachtung, Hass, Gewalt, Angst, Respektlosigkeit und Unterdrückung.

Hier ein Auszug aus dem Gewaltschutzgesetz:

„Zur Verbesserung des zivilgerichtlichen Schutzes bei Gewalttaten und Nachstellungen sowie zur Erleichterung der Überlassung der Ehewohnung bei Trennung "
(Es steht tatsächlich im Text vom Bundesinnenministerium „Ehewohnung" – gilt auch für Partnerschaften ohne Trauschein)

Gönnen Sie Ihren Kindern und sich ein entspanntes Leben. Ja, eine Trennung ist meistens erst einmal eine harte Angelegenheit. Jedoch spüren Sie und Ihre Kinder, dass durch eine Trennung letztendlich etwas Gesundes passiert. Im Übrigen verankert sich im Bewusstsein von Kindern, dass man etwas verändern kann, in einer schwierigen Situation nicht gefangen, nicht Opfer seines Schicksals ist. Davon profitieren Kinder ein Leben lang.

Ein sehr komplexes und schwieriges Thema über das man gerne schweigt. Das Schweigen jedoch hilft niemandem und schon gar nicht Kindern und Frauen, denen Gewalt angetan wurde oder wird. Also:

Seien Sie sich etwas wert

Der Mann einer guten Bekannten von mir war ein sogenannter Womanizer. Er brachte seiner Frau ganz unverblümt bei, dass er als Mann einfach auch andere Frauen brauche. Meine gute Bekannte ist im Übrigen eine umwerfende Schönheit mit verdammt viel Sexappeal – und diese Frau hörte von ihrem Mann, dass Fremdgehen für ihn wie Biertrinken sei...

Meiner Bekannten wurde schon als kleines Mädchen beigebracht, Männer seien triebhafter als Frauen. Eine gute Frau solle es daher nicht so eng sehen, wenn ihr Mann auch mit anderen Frauen schlafe. Erwähnt wurde leider nicht, dass mit dem Fremdgehen auch eine entsetzlich schmerzende Kränkung beziehungsweise Erniedrigung einhergehen kann – sofern der Partner einem nicht egal ist. Sie ertrug zwölf Jahre lang diese unwürdigen Schmerzen. Eines Nachmittags ging sie weg. Als sie nach Hause kam, fragte ihr Mann sie, wo sie gewesen sei? Sie sagte den Satz, auf den sie sich zwölf Jahre lang gefreut hatte: Ich war Biertrinken. An sich sehr komisch, leider sah ihr Mann das ganz anders. Er schlug seine Frau fast tot. Meine Bekannte hat lang gebraucht, um sich etwas wert zu sein. Es macht mich glücklich, dass ihr nunmehr bewusst ist:

Frauen und Männer haben das gleiche Recht auf Würde.

Sie denken, das ist doch selbstverständlich? Für viele leider nicht.

Es geht natürlich auch weniger dramatisch...

Eine mit mir befreundete Tangotänzerin wurde von einem respektlosen Anfänger äußerst unsanft geführt und ständig gegen andere gestoßen. Sie tanzte mit ihm drei Tänze. Danach fühlte sie sich absolut unwohl in ihrer Haut. Den Tänzer empfand sie als extrem übergriffig, jedoch kam ihr nicht in den Sinn, dass sie sich selbstverständlich schon beim ersten Tanz hätte verabschieden können. Lieber ließ sie schlecht mit sich umgehen, als in ihren Augen jemand anderem gegenüber unhöflich zu sein.

Befragen Sie sich selbst, wie Sie von ihrer Umgebung behandelt werden. Ist eine respektvolle Grundhaltung an der Tagesordnung? Das kann im Beruflichen und Privaten sehr verschieden ausfallen. Respekt sollte natürlich überall gegeben sein, genauso wie der Respekt sich selbst gegenüber. Das fängt schon bei einigen mit dem sich selbst ernst und wichtig nehmen an. Jede von uns ist es wert.

Nun kommen wir zu einer Frage, die in einer Beziehung durchaus wichtig ist:

Und was ist mit Sex?

An dieser Stelle höre ich Heerscharen von Menschen jeden Geschlechts aufschreien: Man hat doch nicht nur eine gute Beziehung, wenn man auch sexuell miteinander ist? Ich nenne eine Beziehung ohne Sex: Freundschaft. Eine Liebesbeziehung impliziert für mich körperliche Anziehung, gepaart mit geistiger und seelischer Nähe.

Eine Liebesbeziehung steht am Günstigsten auf drei Pfeilern. Zwei Pfeiler braucht die Beziehung mindestens, um relativ sicher stehen zu können. Der eine Pfeiler ist der Eros, die körperliche Anziehung. Der andere Pfeiler ist der Geist, der für die Kommunikation zwischen den Liebenden zuständig ist. Der dritte Pfeiler ist das Emotionale, das Gefühlsleben.

Nun können Sie sagen, da kann doch die Beziehung auf der geistigen und emotionalen Ebene stehen. Ja, sie kann. Aber was, wenn Ihr Partner von einem Date mit einer anderen Frau nach Hause kommt? Weil er festgestellt hat, dass er Sex braucht. Da Sie ihm ja mitteilten, mit diesem Teil des Lebens abgeschlossen zu haben oder zumindest die Sexualität mit ihm. Er beteuert, es sei nur eine rein sexuelle Beziehung mit der anderen Dame. Sind Sie immer noch der Meinung, dass man auch ohne Sex ganz glücklich sein kann?

Ich sage nicht, eine Beziehung braucht nur Sexualität. Das wäre eine sexuelle Affäre, wo man an den anderen Seiten der Partnerin oder des Partners nicht zwingend interessiert ist, keine Verbindlichkeit besteht.

Aber die Sexualität gehört zu einer Beziehung dazu und sollte bei beiden Partnern für eine gute Basis im günstigsten Falle gleich stark ausgebildet sein.

Eine weitere Freundin von mir war unsterblich in einen sehr charmanten Mann verliebt. Sie wähnte ihn solo – sie irrte. Er hatte vergessen zu erwähnen, dass er ganze zehn Jahre mit seiner Partnerin zusammenlebte. Als ein Freund des charmanten Mannes meiner Freundin seine Lebenssituation näher brachte, stellte sie ihn zur Rede. Er erklärte es ihr mit dem klassischen Satz: „Wir lieben uns eigentlich nur noch wie Bruder und Schwester." Er schlief mit seiner „Schwester" in einem Bett. Sie hatte ihm grünes Licht gegeben. Sie sagte ihm, sie habe nichts dagegen, wenn er andere Frauen „besuche." Meine Freundin fragte ihn, ob seine Lebensgefährtin denn auch andere „besuche?" Die Antwort lautete: Nein. Sie wolle nur mit ihm sexuell sein, daher schlafe er etwa einmal pro Jahr mit ihr, aus Mitleid.

Meine Freundin schlug dem vergesslichen Mann vor, sich von seiner „Schwester" zu trennen, wenn er sie tatsächlich liebe. Dann hätte sie die Möglichkeit, jemandem zu begegnen, der an ihr in ihrer Gänze interessiert ist – geistig, emotional und sexuell. Seine „Schwester" müsste dann keine weiteren Demütigungen über sich ergehen lassen, nur um mit dem Auserwählten einmal pro Jahr schlafen zu dürfen. Was soll ich Ihnen sagen? Dieser Mann trennte sich tatsächlich. Die „Geschwister" waren noch drei Monate befreundet. Schließlich entfernte sich die „Schwester" und brach alle Brücken zu diesem Mann ab. Soviel zum Thema Bruderliebe.

Fragen:

- Mag er mich körperlich?
- Mag ich ihn körperlich?
- Kann ich ihn gut riechen?
- Kann er mich gut riechen?
- Habe ich Lust mit ihm zu schlafen?
- Will er nur mit mir sexuell sein?
- Fehlt mir sexuell etwas bei ihm?
- Meine ich, ihm sexuell nicht zu genügen?
- Ist er nur sexuell an mir interessiert?
- Bin ich nur noch sexuell an ihm interessiert?
- Verlangt er von mir Sex, auch wenn ich es nicht möchte? Lasse ich es zu? Warum?
- Verlange ich von ihm Sex, auch wenn er es nicht möchte? Lässt er es zu?
- Erlaube ich ihm, mit anderen Frauen Sex zu haben? Damit er mich nicht verlässt? Weil ich ihn bestrafen will? Oder weil ich mich bestrafen will? Damit er mich in Ruhe lässt?
- Halte ich mich für begehrenswert?
- Denke ich, dass bei einer langen Beziehung Sex nicht mehr wichtig ist?
- Denkt er genauso?

Eine Bekannte fühlte sich in ihrer Beziehung überhaupt nicht wohl. Sie konnte es sich nicht erklären. Ihr Partner war ihr körperlich zuwider. Sie konnte ihn nicht mehr riechen. Tief in ihrem Innersten wünschte sie sich, dass er mit einer anderen Frau eine Affäre anfinge. Das hätte ihr die Trennung von ihrem Partner erleichtert.

Dieser Fall kommt sehr häufig vor. Die Frau kann es sich nicht erklären, aber sie möchte keinen körperlichen Kontakt mehr, von Sex ganz zu schweigen. Was immer auch der Grund sein mag, könnte man doch denken, eine Trennung sei nicht abwegig? Aber wir alle wissen, bisweilen fühlt man sich sehr gebunden durch gemeinsame Kinder, einen gemeinsamen schweren Verlust, viele gemeinsame Jahre, aus Gewohnheit. Frauen suchen oftmals die Probleme zuerst bei sich. Einige denken, dass die Sexualität sich sowieso nach einigen Jahren verabschiedet oder lassen sich vom Partner einreden, sie seien asexuell, nur weil sie keine Lust auf ihn haben.

Lassen Sie sich auch auf diesem Gebiet nicht zu vieles sagen. Sollten Sie mit einem Mann liiert sein, der sich Ihrer nicht ebenbürtig fühlt, so wird er unter Umständen zur Waffe der Verunsicherung auch im Bereich der Sexualität greifen.

Der Partner einer Bekannten erklärte ihr: „Du bist frigide, dafür kann ich nichts. Ich möchte weiterhin mit dir Sex haben. Nehme es einfach als das Übel, das man als Ehefrau über sich ergehen lassen muss." Meine Bekannte schaffte es, von ihrem Partner wegzukommen. Ein Mann, den sie nicht küssen konnte. Sie hatte jahrelang mit ihrem Partner Sex gehabt, obwohl sie es nicht wollte. Tief in ihrem Innersten dachte sie, sie dürfe sich ihrem Mann nicht verweigern und litt im Stillen. Nach der Trennung schlief sie nur noch mit Männern, für die sie Lust empfand. Etwas, was für alle Menschen eine Selbstverständlichkeit sein sollte und meiner Bekannten ihre Würde, ihre Selbstachtung zurückgab.

Es ist erstaunlich wie viele Frauen im Glauben sind, sie müssten Sex mit dem Partner haben, obwohl sie es selbst nicht wollen, damit ihr Partner ausgeglichen bleibt und sie nicht verlässt oder aus Angst. Reden Sie mit ihren Freundinnen. Ergeht es Ihren Freundinnen oder Ihnen auch so in ihrer Beziehung? Wenn die Chemie nicht mehr stimmt, hat sich etwas Ungesundes in die Beziehung eingeschlichen oder sie war nie gesund.

Eine mir bekannte Frau befand sich über viele Jahre in einer Beziehung, in der ihr Partner keine körperliche Nähe zu brauchen schien. Es ging so weit, dass sie sich nur noch mit Literatur beschäftigte, die ihr bestätigte, dass Sexualität, Körperlichkeit nicht so wichtig sei in einer Beziehung. Sie litt extrem. Nun sind die beiden, deren Bedürfnisse grundverschieden waren, getrennt. Sie lebt jetzt ihre Sexualität aus und merkt, was sie die ganzen Jahre unterdrückt hat.

Viele Männer erzählten mir immer wieder, dass ihre Frauen Sex nicht so wichtig fänden. Daher müssten sie eine Geliebte haben. Sicherheit scheint für viele Menschen existentiell zu sein. Viele haben dies in Form ihres Partners, weshalb sie sich wohl auch scheuen, reinen Tisch zu machen. Aber ist es fair, neben seiner festen Beziehung noch eine andere am Laufen zu haben? Fair wäre es, wenn ein Paar sich am Anfang oder auch während der Beziehung, über die persönlichen Vorlieben ehrlich unterhielte. Eine Beziehung kann sich im Laufe der Zeit verändern, so auch eventuell die Haltung zu diesem Thema. Die Bedürfnisse sind doch sehr verschieden.

Nur den Partner oder die Partnerin in Unkenntnis zu lassen und sich mit anderen Liebschaften das eigene Leben vermeintlich interessanter zu gestalten, zeugt nicht von Größe und kann die Gesundheit der in Unkenntnis Gelassenen zudem gefährden.

Fragen:

- Will ich, dass er mit anderen Frauen schläft?
- Habe ich Lust auf einen anderen Mann?
- Hat er nur Lust mit mir zu schlafen?
- Küsse ich ihn gern?
- Küsst er mich gern?
- Fühle ich mich geliebt?
- Empfinde ich ihm gegenüber Eifersucht?
- Empfindet er mir gegenüber Eifersucht?
- Bin ich mit ihm noch zusammen, weil ich denke, ich habe nichts Besseres verdient?
- Habe ich Angst, dass ich nie wieder lieben könnte, verließe ich ihn?
- Habe ich Angst, dass er mich hassen könnte, verließe ich ihn?

Einer Freundin von mir erging es in der Partnerschaft schlecht. Diese Bekannte fühlte sich in der Nähe ihres Freundes nicht mehr wohl und wusste nicht warum. Es war ihr unerklärlich. Sie analysierte sich und ihre Beziehung durch und durch. Sie stritt sich nur noch mit ihrem Freund, der sie als hysterische Frau abstempelte.

Später erfuhr sie, dass ihr Freund im Laufe ihrer Beziehung mit anderen Frauen geschlafen hatte – keine Vertrauen erweckende Maßnahme. Das nenne ich einen Klassiker. Schließlich schaffte sie es dennoch, ihn zu verlassen, obwohl er es war, der die Beziehung indirekt aufgekündigt hatte.

Es gibt viele Menschen, die in ihrer Beziehung leiden und nicht wissen, warum sie aus dieser nicht herauskommen. Da spielt einem wohl bisweilen die Natur einen gewaltigen Streich...

Wenn Sie Ihrem Partner erlegen sind

Kennen Sie das Phänomen? Sie wollen mit Ihrem Partner Tacheles reden, sehen ihn, er berührt Sie...und jeder gute Vorsatz ist dahin. Der Kopf schaltet sich aus und die Körper machen, was sie wollen. Da kann man von Verstandesseite, Bücher über das Thema lesen, Seminare und Veranstaltungen besuchen, Gehirnwäsche mit sich betreiben: Man sieht denjenigen und die ganze theoretische, intellektuelle Arbeit ist für die Katz.

An sich ist es wunderschön, wenn eine solche Anziehungskraft zwischen den Partnern besteht. Problematisch wird es erst dann, wenn alle anderen Bereiche neben der Sexualität nicht funktionieren beziehungsweise das Leben beider Partner erschwert oder der Partner oder die Partnerin das Erlegensein ihnen gegenüber ausnützt.

Wie viele Frauen kennen Sie, die Sie für reflektiert halten? Die ihr Leben ansonsten gut im Griff haben, nur diesen einen Punkt nicht: Sie leiden unter ihrem Partner und kommen nicht von ihm los, obwohl der Partner ihnen in vielen Bereichen nicht gefällt – außer dem einen? Es klingt wie ein Luxusproblem, wenn man von einem Menschen nicht loskommt, weil man körperlich erlegen ist. Aber wir haben nun mal, ob wir wollen oder nicht, animalische Instinkte. Diese bestimmen unser Dasein mitunter mehr, als uns lieb ist.

Ergeht es Ihnen so mit Ihrem Partner, von dem Sie sich eventuell trennen wollen? Sehen Sie zu, sich möglichst fern von ihm zu halten. Mit Abstand und schließlich einem neuen Leben übt nach einiger Zeit, der Ex-Partner nicht mehr so eine Anziehungskraft auf einen aus.

Fragen:

- Was gefällt mir an meinem Partner?
- Was gefällt meinem Partner an mir?
- Ist er stolz, mich als Partnerin zu haben?
- Behandelt er mich respektvoll vor seinen Freund_innen und auch anderen?
- Verstehen wir uns nur auf sexueller Ebene?
- Ist er beim Sex egoistisch, nicht zugewandt? Sorgt sich nicht um meine Befriedigung?
- Bin ich auf ihn fixiert?
- Komme ich, egal was er mir antut, immer zu ihm zurück?
- Habe ich Sorge, nie wieder so eine besondere Intimität mit einem anderen zu teilen, trennte ich mich von meinem Partner?

Eine liebe Freundin wusste, dass sie mit dem falschen Mann zusammen war. Ich fragte sie, ob sie ihn noch liebe. Daraufhin antwortete sie mir, dass sie ihn mal geliebt habe, aber jetzt sehr unsicher ihrer Gefühle sei. Jedoch könne sie sich doch nicht trennen, wo sie doch soviel Zeit und Energie in ihn investiert habe.

Niemand sollte wertvolle Lebenszeit an einem Menschen vergeuden, der einen nur Kraft kostet. Dann doch bitte lieber in etwas Gutes und nicht in etwas Schlechtes investieren. Hier wiederhole ich mich gern: „Was für ein Leben gönnen Sie sich?", „Was für einen Mann gönnen Sie sich?"

Im folgenden Kapitel dürfen Sie sich Ihren Wünschen hingeben:

Was für einen Mann hätten Sie gerne?

Schreiben Sie sich Ihre Wunschliste. Schreiben Sie einfach alle Eigenschaften auf, die Ihnen bei dem Mann Ihrer Träume (und genau diese sollen real werden) gefallen würden. Ja, Sie dürfen sich Ihren Wunschmann schaffen. Das macht im Übrigen unglaublichen Spaß.

Beispiele für eine Traummann-Liste:
Er sollte:

- mich lieben
- Humor haben
- respektvoll sein
- Kinder lieben
- mich begehren
- mich achten, unabhängig meines Zustandes
- treu sein
- empathisch sein
- intelligent sein
- gebildet sein
- einen Beschützerinstinkt besitzen
- höflich sein
- liebevoll sein
- guten Umgang mit seiner Mutter haben
- die Natur lieben
- sportlich sein
- verschlossen sein
- verträumt sein
- gerne mit mir Zeit verbringen
- unorthodox sein

- archaisch sein
- rebellisch sein
- praktisch veranlagt sein
- bauernschlau sein
- sich lieben
- Geborgenheit vermitteln
- aufmerksam sein
- musikalisch sein
- „eine Sprache" mit mir sprechen
- gut riechen
- kreativ sein
- romantisch sein
- sich selbst ernähren können
- Geselliges lieben
- nicht drogenabhängig sein
- altruistisch sein
- lebhaft sein
- expressiv sein
- sozial veranlagt sein
- verspielt sein
- ehrlich sein
- gesellig sein
- meine „Fehler" lieben
- gerne reisen
- nachdenklich sein
- inspirierend sein
- ein Familienmensch sein
- zärtlich sein
- ruhig sein
- mich immer wieder überraschen
- das Kochen lieben
- Etc.

(Diese Beispiele sind als Anregung gedacht)

Jeder Gedanke in Richtung: „So einen Mann gibt es doch sowieso nicht für mich" oder: „Ich werde sowieso immer mit der gleichen Art Mann zusammen sein, der mich letztendlich nicht glücklich macht" oder: „Alles wird wieder von vorne anfangen" oder auch: „Warum sollte so ein toller Mensch mit mir zusammen sein wollen?", „Ich habe doch sowieso kein Glück mit den Männern" wird sofort verworfen.

Jetzt, da Sie Ihren Traummann für sich definiert haben, können Sie ein paar Tage ins Land ziehen lassen und über Ihre Liste nachdenken. Nehmen Sie sich Zeit für sich. Bei so einer Liste sehen Sie schwarz auf weiß, was für Eigenschaften Ihnen bei einem Mann wichtig sind und welche nicht. Unterstreichen Sie die, auf die Sie besonders viel Wert legen. Streichen Sie Sätze wie: „Ach nee, das klingt doch überheblich oder arrogant. Jemanden mit solchen Eigenschaften kann oder darf ich mir doch nicht wünschen." Können und dürfen Sie doch!

Ihr „Traummann" soll in erster Linie Ihnen gefallen.

Kreuzen Sie die Eigenschaften an, die Ihr Traummann und Ihr derzeitiger Partner gemeinsam haben. Sollten sich bei den für Sie sehr wichtigen Eigenschaften, nur wenige überschneiden, so gibt es einiges zu überdenken. Wollen Sie Ihr Leben an der Seite eines Mannes verbringen, dessen Eigenschaften Sie gar nicht schätzen oder Ihnen nicht so wichtig sind? Oder wollen Sie ein Leben lang für Sie Wichtiges vermissen? Tun Sie da nicht nur sich selbst, sondern auch dem Menschen an Ihrer Seite Unrecht? Schauen Sie sich Ihren Partner genau an. Versuchen Sie analytisch vorzugehen.

Sollten sich viele Punkte überschneiden, dann können Sie sich mit Ihrem Partner glücklich schätzen. Vielleicht gibt es etwas anderes in Ihrem Leben, wovon Sie sich trennen sollten? Was fällt Ihnen spontan ein? Denken Sie darüber nach.

Fragen:

- Möchte ich mit einem Mann zusammen sein, der meinem Traummann entspricht?
- Halte ich den Traummann zu treffen für eine Illusion?
- Habe ich auch nur einen Funken Hoffnung, dass mir mein Traummann begegnen könnte?
- Was ist der Traummann für mich?
- Mache ich das Beste aus mir? Falls nicht, was kann ich ändern?
- Was für Frauen habe ich als Vorbilder?
- Gefällt mir mein Wesen?
- Gefalle ich mir äußerlich?
- Habe ich gute Freund_innen, mit denen ich mich darüber austauschen kann?
- Bin ich evtl. doch mit meinem Traummann zusammen?
- Wäre er fast mein Traummann, wenn er nicht diese großen Probleme hätte?
- Arbeitet er an seinen Problemen?
- Ist es mir möglich, mit seinen Problemen mich zu arrangieren?
- Ist mein Traummann jemand, den ich über mich stelle? Warum?
- Sehe ich oft zuerst das Negative?

Oder überschneiden sich viele Eigenschaften, Wünsche, aber sie empfinden keine Liebe mehr für ihn? Da helfen auch unzählige Überschneidungen nichts. Oder gibt es kaum Überschneidungen, aber sie lieben und begehren sich sehr? Da heißt es große Toleranz und Respekt beweisen – von beiden Seiten. Sich gegenseitig nehmen wie man ist und das möglichst ohne Erwartungshaltung. Das bedeutet auch, dass man auf einiges verzichten und viel Empathie an den Tag legen muss. Nichts für Menschen, die ihre Partner_innen ständig um sich herum haben müssen. Keinesfalls ideal, aber auch nie langweilig – solang es beiden gut damit geht.

Ich schrieb auch einmal eine solche Liste. Es war ein riesiger Spaß. Immer wieder schaute ich mir meine Liste an. Es war so eine Art Gehirnwäsche. Keine Zeit wollte ich mehr für Männer vergeuden, denen mein Glück nicht wichtig war. Zudem wollte ich mit jemandem zusammen sein, der zu mir passt. Also trennte ich mich von meinem damaligen Freund. Er ist ein sehr wertvoller Mensch, aber als Lebensgefährte war er für mich nicht der Richtige – oder eben nur für einen Abschnitt.

Es ist günstig, sich dem neuen Partner gegenüber nicht zu verstellen. Viele wollen es der neuen Liebe Recht machen. Manche trauen sich nicht, offen mitzuteilen, was sie wirklich mögen, was ihnen wichtig ist im Leben und worauf sie ungern verzichten möchten. Wenn dem so ist, scheint man dem Menschen mit dem man zusammen ist, nicht wirklich zu vertrauen, fühlt sich eventuell minderwertig oder hat Sorge die Beziehung zu gefährden.

Alles gute Gründe, die dafür sprechen, die Beziehung in Frage zu stellen. Ansonsten leben Sie ein Miteinander, welches kein Miteinander ist. In einer Partnerschaft, wo man derart essentielle Dinge nicht ansprechen kann, fühlt man sich letztendlich nie richtig verstanden, gar gemeint, geschweige denn wohl.

Eines Tages trat bei einer meiner Freundinnen ihr inzwischen von ihr geschiedener Mann ins Leben. Er entsprach vielen ihrer Punkte. Einige Jahre waren sie glücklich miteinander. Mit der Zeit stellte sie fest, dass ihre Bedürfnisse, Wertigkeiten und Interessen sehr verschieden waren. Dazu gab es familiäre Einschnitte im Leben, darunter Trauerfälle, nach denen sie sich auseinander lebten. Zunehmend wurde sie unglücklicher, fühlte sich nicht mehr wohl in ihrer Haut. Nachdem wir viele Gespräche geführt hatten, konnte sie ihre Beziehung mit Abstand sehen und analysieren. Sie teilten kaum noch etwas miteinander. Und dieses Teilen ist das Elementare in einer Beziehung. Sie trennte sich.

Eine Beziehung ist nicht einfach ein Geschenk. Sie ist wie eine wunderschöne Pflanze, die von beiden Seiten mit viel Liebe und gegenseitiger Aufmerksamkeit, Empathie täglicher Pflege bedarf. Da ist sowohl Kooperationsfähigkeit, wie auch Kompromissbereitschaft und Wertschätzung gefragt. Gekoppelt mit dem Bedürfnis, sich immer wieder vice versa auf's Neue glücklich zu machen. Ist man dazu bereit, so hat man die Chance einen großen Gewinn im Leben zu ernten – eine gute, in sich fruchtende Beziehung:

Die Zutaten für eine gute Beziehung

Die Zutaten für eine gute Beziehung bestehen an erster Stelle aus sexueller Anziehung (wie schon früher beschrieben, sollte es die Grundlage der Beziehung sein, da Sie ohne Sexualität einfach „nur" Freunde sein können), ähnlichen Bedürfnissen, ähnlichen Wertvorstellungen, ähnlichen Interessen, ähnlicher Lebenseinstellung, ähnlichem Humor und Kooperationsfähigkeit, sowie Rituale und Zärtlichkeiten verbaler und körperlicher Art.

Sollte es Verschiedenheiten geben, was normal ist, muss man sich überlegen, ob man mit diesen Verschiedenheiten leben kann und will. Beziehungsfördernd ist ein gemeinsames Projekt, womit nicht die Kinder gemeint sind. Sei es ein gemeinsames Hobby, eine gemeinsame Firma, gemeinsame Ziele, eine gemeinsame Passion. Was die Kooperationsfähigkeit angeht, so heißt das nicht, von den eigenen Bedürfnissen Abstand nehmen zu sollen. Es gibt nur bisweilen Dinge, die dem einen nicht so wichtig sind, der anderen jedoch sehr.

Ein guter Bekannter von mir erlebte auf einer kurzen Reise mit seinem Freund, dass dieser den Müll peinlichst genau trennte. Mein guter Bekannter sieht keinen Sinn im Mülltrennen und hörte nicht auf, sich über seinen Freund lustig zu machen. Sein gelassener Freund teilte ihm mit, dass er von sich aus nie Müll getrennt hätte, es jedoch seiner Freundin von großer Wichtigkeit sei.

Da es ihm keine seelischen Qualen bereite, trenne er den Müll genau so wie sie. Das ist kein sich unterordnen, sondern ein Abwägen oder gar ein Bedürfnis, wenn man seine Partnerin oder seinen Partner liebt und wertschätzt. Zudem ist es ebenfalls ein sich Hineinversetzen, was selbstverständlich sein sollte. Empathie macht eine Beziehung ungemein angenehm – für beide Seiten.

Wie sieht es mit gemeinsamen Wertvorstellungen aus? Wie man gerne lebt, was man gerne unternimmt, wovon man lebt, was man liebt, was man für Musik mag, welche Leidenschaften man hat. Ob man sich das Leben mit oder ohne Kinder wünscht, ob man eher ein häuslicher Mensch ist oder ständig reisen will, ob man es genießt zu kochen, ob man eher ein Familienmensch oder ein Einsiedler ist, und so weiter.

Oder wie sieht die Wertvorstellung in Bezug auf Geld aus? Ein wichtiger Punkt in einer Partnerschaft. Wenn in einer Beziehung beide einen anderen Bezug zum Geld haben, werden Aussagen über die Finanzen sehr verschieden abgespeichert. So kann es zu Verletzungen kommen, die gar nicht beabsichtigt waren. Sie kennen doch den Satz: „Ich verstehe nicht, wie er so etwas über die Lippen bekommen kann?" Kann er, weil die Wertigkeit für ihn anders gelagert ist. Und was das Thema Geld angeht, so können Welten zwischen zwei Menschen liegen. Sollten Sie merken, dass sie einen absolut anderen Bezug zum Geld haben als Ihr Partner, so ist dies manchmal sogar recht praktisch. Sie ergänzen sich eventuell ganz hervorragend. Dazu gehört allerdings eine große Portion Toleranz.

Also passen Sie bei diesem Punkt besonders auf. Es ist gegebenenfalls gar nicht böse gemeint, die Perspektive ist halt eine andere.

Fragen:

- Haben wir eine ähnliche Art zu leben?
- Haben wir eine ähnliche Vorstellung von der Zukunft?
- Haben wir einen ähnlichen Tagesrhythmus?
- Haben wir beide oft auf Ähnliches Lust?
- Kann ich mit den Dingen, in denen er anders gestrickt ist als ich, leben, sie akzeptieren?
- Kann er mit den Dingen, in denen ich anders gestrickt bin als er, leben, sie akzeptieren?
- Mache ich ihm Vorwürfe, wenn er manches nicht so macht, wie ich es möchte?
- Macht er mir Vorwürfe, wenn ich manches nicht so mache, wie er es möchte?
- Lebe ich in einer praktischen Beziehung?
- Ist mir finanzielle Absicherung wichtig?
- Denken wir über viele Dinge ähnlich?
- Mag er meine Freund_innen, mögen sie ihn?
- Mag ich seine Freund_innen, mögen sie mich?
- Akzeptiert meine Mutter ihn?
- Akzeptiert seine Mutter mich?
- Akzeptiert mein Vater ihn?
- Akzeptiert sein Vater mich?

Vielleicht fällt Ihnen bei diesem Kapitel auf, dass eine Trennung in Ihrem Fall doch nicht zwingend ist. Versuchen Sie die empfindlichen Themen in Ihrer Beziehung in einem anderen Licht zu betrachten. Das kann zumindest interessant sein.

Die ähnlichen Wertvorstellungen erleichtern den Alltag in einer Partnerschaft, der bekanntlich ans Eingemachte geht. Ich liebe den Alltag. Wenn ich mit einem Menschen zusammen bin, möchte ich mit ihm so viel wie möglich teilen: die Wünsche, die Hoffnungen, die Ängste, die Liebe, den gegenseitigen Respekt. Dazu gehört auch, den eigenen seelischen Müll selbst zu beseitigen und ihn nicht dem Partner oder der Partnerin zu überlassen.

Etwas was den Alltag ebenso wenig langweilig werden lässt:

Kinder

Die Vorstellungen, wie Kinder erzogen werden sollen, klaffen oftmals weit auseinander. Jedes Elternteil projiziert auf die Kinder die eigenen Wertvorstellungen, die Ihnen anerzogen wurden oder die sie vorgelebt bekamen. So ist jedes Elternteil bemüht, die eigenen Wertvorstellungen weiterzugeben.

Bei Patchwork-Familien treten besondere Schwierigkeiten auf. Diese rühren meist daher, dass man als Stiefmutter oder Stiefvater nicht den Stellenwert der leiblichen Mutter oder des leiblichen Vaters hat. Respekt und Achtung gegenüber der Stiefmutter, des Stiefvaters sollten eine Selbstverständlichkeit sein, sowohl vom leiblichen Elternteil wie auch von den Kindern.

Eine Freundin verreiste mit ihrem Mann und seiner fünfjährigen Tochter in die Berge. Lange Wandertouren waren angesagt, nebst Ausflügen zu Bergseen. Klingt ja erst einmal ganz nett. Es gab nur einen Haken. Die Kleine sagte bei allem: „Nein, Papi soll das machen" und Papi machte es. Selbst, wenn ihr Vater nicht in der Nähe war, hörte er die Rufe seiner Tochter und eilte stante pede zu ihr. Meine Freundin fragte ihren Mann, ob er meine, dass dies klug sei? Warum er alles mache, was sie möchte? Ob er denke, dass die Kleine ihn dann mehr liebe? Ihm verzeihe, dass er nicht so viel Zeit mit ihr verbringe? Sie versuchte ihrem Mann zu vermitteln, dass die Kleine sie beide ausspiele. Leider sprachen beide eine andere Sprache.

Der Vater der Kleinen hatte ein so schlechtes Gewissen, dass er ihr möglichst alles recht machen wollte. Er war unerreichbar für die Worte seiner Frau, deren Autorität er ständig untergrub. Das Mädchen verlor den Respekt vor ihrer Stiefmutter, ihr Vater schließlich seine Frau.

Es gibt Paare, die verschiedene Erziehungsmethoden haben, jedoch nie ihrer Partnerin oder ihrem Partner in den Rücken fallen würden.

Die vierjährige Tochter einer mir bekannten Familie, kam zu ihrem Vater und wollte abends fernsehen. Der Vater erklärte, dass ihre Mutter auf die Frage doch schon mit „nein" geantwortet habe, also heiße es „nein." Besteht kein Konkurrenzkampf zwischen den Erwachsenen, hat man prompt auch fröhlichere Kinder. Kinder, die nicht ständig überlegen müssen, wie sie taktieren sollten, um Aufmerksamkeit und vermeintlich mehr Liebe zu erhalten. Das ist entspannend für die Kinder und die Erziehenden.

Sollte es in diesem Punkt ernsthafte Schwierigkeiten geben, so führen Sie ein konstruktives Gespräch. Es ist wichtig die Befugnisse des anderen abzustecken. Sollte dies nicht möglich sein, so werden sie in der Partnerschaft auf keinen grünen Zweig kommen. Jeder muss in einer Beziehung ernst genommen werden. Kinder spüren, wenn die Erwachsenen in diesem Punkte uneins sind. Sie werden verunsichert und spielen zur Folge bewusst oder unbewusst die Erwachsenen gegeneinander aus. Überprüfen Sie Ihre Erziehungs- und Wertvorstellungen mit denen Ihres Partners.

Sehen Sie Parallelen? Wo sehen Sie Gegensätze? Schreiben Sie diese auf.

Fragen:

- Wünsche ich unseren Kindern ein ehrlich harmonisches Familienleben?
- Habe ich noch die Hoffnung, dass sich die Beziehung bessert?
- Gebe ich mir die Schuld am Scheitern von unserer Beziehung?
- Habe ich Angst, einer Veränderung nicht gewachsen zu sein?
- Habe ich Angst, man nimmt mir die Kinder weg, wenn ich ihn verließe?
- Mögen die Kinder, bzw. Stiefkinder ihn?
- Mögen meine Stiefkinder mich?
- Lasse ich eine Nähe zwischen ihm und den Kindern zu?
- Lässt er eine Nähe zwischen mir und meinen Stiefkindern zu?
- Untergrabe ich seine Autorität den Kindern gegenüber?
- Untergräbt er meine Autorität den Kindern gegenüber?
- Hat er geringes Interesse an den Kindern?
- Lässt er mich fast immer alleine etwas mit den Kindern unternehmen?
- Lässt er bei den Kindern nur seine eigene Meinung zu?
- Beleidigt er mich vor den Kindern?
- Haben die Kinder Angst vor ihm?

Sofern Sie betroffen sind, schauen Sie, ob es Ihnen noch möglich ist, auf gute Art mit Ihrem Partner zu kommunizieren. So machen Sie Ihren gemeinsamen sowie nicht gemeinsamen Kindern das größte Geschenk. Natürlich muss es die Bereitschaft von beiden Seiten geben, sofern es gemäß Ihrer Geschichte möglich ist. Gibt es für Sie keinen anderen Ausweg als eine Trennung, wünsche ich Ihnen ein halbwegs zivilisiertes Auseinandergehen.

Leider ist dafür nur selten die Grundlage gegeben, gerade wenn Kinder im Spiel sind. Versuchen Sie es. Egal wie sehr Sie den Vater Ihrer Kinder oder Stiefkinder nicht mehr mögen. Er ist und bleibt der Vater. Wenn Sie vor Ihren Kindern schlecht von ihrem Vater sprechen, so sprechen Sie gleichzeitig auch schlecht von Ihren Kindern, denn sie sind ein Teil von ihm, wie auch ein Teil von Ihnen. Es ist nicht leicht, diese Gefühle auseinanderzuhalten. Aber nur weil Sie mit dem Mann nichts mehr zu tun haben möchten, muss es den Kindern nicht zwangsläufig genauso gehen. Der größte Druck, den Kinder durchzustehen haben: Die Zerrissenheit zwischen zwei Menschen, die so unschätzbar wichtig für sie sind. Deren Liebe ihnen gegenüber, die Basis für ihr Leben bildet.

Wollen Sie sich von Ihrem Partner trennen, der eigene Kinder mit in die Beziehung brachte? Nun plagen Sie Gewissensbisse, der Stiefkinder wegen. Sollten Sie eine gute Beziehung zu den Kindern haben, hat diese auch weiterhin Bestand. Meistens muss erst etwas Zeit verstreichen, bis Sie unbeschwert aufeinandertreffen können. Geben Sie sich und den Kindern die Zeit, die sie brauchen.

Schreiben Sie ein paar Zeilen an die Kinder. Dann wissen diese, dass Sie weiter für sie da sind und sie nicht einfach aus Ihrem Leben löschen. Kinder leiden oft still. Machen Sie Angebote. Natürlich sind Sie abhängig von der Einsicht und Größe der Eltern der Kinder, ob diese von sich absehen können oder nicht. Da kann ich nur den Satz zitieren: „Der stete Tropfen höhlt den Stein." Im Zweifelsfalle gehen Sie zur Familienberatung und besprechen die Problematik. Die Kinder, ob gemeinsame oder Stiefkinder, sollten nicht die Leidtragenden der Trennung sein. Kommunikation hilft.

Es gibt nur wenige Fälle, wo es wichtig ist, den Kontakt zwischen Vater und Kind zu unterbinden. In allen anderen Fällen wollen einige schlicht und ergreifend den Erzeuger des Kindes nicht mehr in ihrem Leben haben – das Kind ihn aber vielleicht schon.

Für die Mütter, die sich ums Sorgerecht streiten:

Nehmen Sie sich einen anerkannten Rechtsbeistand. Hat Ihre Anwältin oder Ihr Anwalt selbst Kinder? Menschen die keine Kinder haben, kennen die Realität, den Alltag mit eigenen Kindern nicht. Dieser Punkt ist nicht ausschlaggebend, aber bedenkenswert.

Nicht ohne Grund gehen die Gerichte seit 1998 vom gemeinsamen Sorgerecht der Eltern aus. Es heißt so schön: „Zum Wohle des Kindes." Von daher ist es nicht mehr leicht, das alleinige Sorgerecht zu erhalten. Geht es Ihnen nun um die gemeinsamen Kinder oder eher um die Paarproblematik?

Beantragen Sie dennoch das alleinige Sorgerecht, werden Sie gewichtige Gründe für Ihre Entscheidung haben. Oder hat der Vater Ihrer Kinder das alleinige Sorgerecht für Ihre Kinder beantragt? Haben die anderen Personen, die Sie beraten, Kinder? Theorie ist sehr schön beim gemütlichen Abendessen mit Freunden, aber beim nackten Kampf vor Gericht zählt lediglich die Praxis. Und glauben Sie mir, es ist erstaunlich, wie manche Väter beim Jugendamt und vor Gericht glauben machen können, sie seien ständig mit den Kindern zusammen und spielten von morgens bis abends mit ihnen.

Eine mir bekannte Mutter stritt sich mit dem Vater ihrer Kinder ums Sorgerecht. Die zuständige Dame vom Jugendamt war ganz hingerissen, von dem sich den Kindern aufopfernden, charmanten Vater. Die Mutter fragte die Dame, wie denn der Vater ihrer Kinder circa 500.000 € Brutto im Jahr verdienen und gleichzeitig mit den Kindern spielen könne? Meine Bekannte wurde von der Jugendamtsfrau, die selbst keine Kinder hatte, nur verdattert angeschaut. Diese sagte, dass er aber doch so ein reizender Vater sei. Er gehe doch zwei- bis dreimal wöchentlich mit den Kindern schwimmen. Es wäre schön gewesen, hätte er so etwas auch vor der Trennung getan, erwiderte die Mutter von drei Kindern.

In so einem Fall: Kämpfen Sie. Bleiben Sie möglichst in der gemeinsamen Wohnung. Zwar soll von staatlicher Seite nicht mehr moralisch gerichtet werden, passiert aber dennoch viel zu oft. Als Mutter hat man unter der Hand nicht die gleichen Rechte, wie ein Vater.

Weder gerecht noch schön, aber meist die Realität. Sie gelten unter anderem sofort als schlechte Mutter, „muten" Sie Ihren Kindern zu, ihr gewohntes Umfeld zu verlassen. Klingt absurd und ist es auch. Gibt es keinen anderen Ausweg, gehen Sie mit den Kindern in eine neue Wohnung, zu Familienangehörigen, Freund_innen oder ins Frauenhaus.

Mütter und Väter werden in unserer Gesellschaft unterschiedlich angesehen. Die Zeiten ändern sich...langsam. Wenn Sie als Mutter drei kleine Kinder großziehen, sind die Leute nicht so gerührt, wie von einem allein erziehenden Vater von drei kleinen Kindern. Genauso unterschiedlich werden sie auch von vielen Richter_innen wahrgenommen.

Nun gibt es Paare, die sich nicht um das Sorgerecht streiten, besser gesagt, in vermeintlicher Harmonie miteinander verkehren. Paare, die auch nach der Trennung sich mit vielem nicht auseinandersetzen wollen oder können. Nicht richtiges Abgrenzen ist oft die Folge, welches meist auf die Kinder übertragen oder zumindest von ihnen mitgetragen wird. So kommen Sätze über die Lippen wie: „Wir sind der Kinder wegen zusammen geblieben, damit sie in einer nach außen intakten Familie aufwachsen" oder: „Wir bleiben Freunde der Kinder wegen" oder: „Wir verbringen der Kinder wegen Weihnachten zusammen."

Zu oft werden die Kinder als Grund vorgeschoben, damit die Erwachsenen weiter Kontakt haben können, ohne ihre Situation richtig miteinander klären zu müssen. Manche scheuen sich schlicht vor einer Auseinandersetzung mit der Realität.

Vielen ist es wichtig, für die Umgebung das Bild der funktionierenden Familie zu erhalten. Gleichgültig, wie kaputt die Beziehung ist und das Leid der Kinder sich stetig vergrößert.

Ein mir bekanntes Paar, verbrachte nach der Trennung mit ihrem gemeinsamen Kind, Weihnachten bei den Eltern der Frau. Sie taten es angeblich ihrem Kind zuliebe, damit es beide Eltern Weihnachten beieinander hatte. Die Eltern des Kindes verbrachten das darauf folgende Weihnachtsfest nicht zusammen. Sie hatten neue Partner. Plötzlich war es nicht mehr so wichtig des Kindes wegen, Weihnachten zusammen zu verbringen.

Schade, dass viele Menschen sich entweder nicht richtig trennen können oder aus Bequemlichkeit die vermuteten Bedürfnisse ihres Kindes vorschieben, um ihre eigenen Bedürfnisse zu befriedigen oder sich nicht miteinander beziehungsweise mit sich selbst, auseinandersetzen zu müssen. Kinder lieben klare Verhältnisse. Eine ungeklärte Situation verunsichert sie. Im Übrigen: Kinder von getrennten Eltern können auch durchaus Positives bezüglich Weihnachten vermelden: Sie haben mindestens zwei große Weihnachtsfeste und diese womöglich in echter und nicht erzwungener Harmonie.

Kommen wir zu einem anderen Thema, wo die liebe Harmonie es nicht leicht hat:

Hat Ihr Partner psychische Probleme?

Denken Sie, Ihr Partner hat psychische Probleme? Warum halten Sie ihn für nicht gesund? Diese Frage werden Sie sich gestellt haben, sich vielleicht Vorwürfe machen, wieso Sie diesen Punkt nicht früher bemerkt haben, geben sich sogar die Schuld an seinem Zustand? Oder haben Sie sich Ihren Partner seiner Disposition wegen ausgesucht? Dies kann unbewusst passieren. Besonders leicht, wenn man mit einem Helfersyndrom ausgestattet ist oder durch die Kindheit schon zum Altruismus konditioniert wurde.

Fühlen Sie sich in der Nähe Ihres Partners unwohl oder vielleicht sogar bedroht? Hier geht es nur darum, wie es sich für Sie anfühlt. Sollten Sie sich sehr unwohl beziehungsweise bedroht fühlen, vertrauen Sie Ihrem Bauchgefühl. Am Besten schaffen Sie sich einen eigenen Raum im wörtlichsten Sinne, um Abstand zu gewinnen und in Ruhe reflektieren zu können.

Frauen sind von jeher gewohnt, ihre Bedürfnisse zurückzustecken. „Psychisch Ungesunde" haben es leicht eine Frau zu finden, die für sie sorgt, sie bemuttert. Ein psychisch ungesunder Mensch braucht jedoch einen Profi, um schneller gesunden und/oder mit der ungesunden Psyche umgehen zu können. Es ist jedoch ein großer Schritt, sich einer Therapie zu unterziehen, die einen eventuell an Unangenehmes aus der Vergangenheit erinnert, Arbeit macht. Für viel zu viele Männer ist es nach wie vor ein Zeichen von Schwäche, eine Therapie in Erwägung zu ziehen.

Wie angenehm, wenn ein anderer Mensch da ist, der für einen das unaufgeräumte Kinderzimmer einigermaßen in Schach hält. Auch wenn kein böser Wille dahinter steckt.

Es gibt Menschen mit starken psychischen Problemen, die sich zurückziehen. Die, die Partnerin nicht verantwortlich machen für ihre Probleme. Dennoch hat man als Partnerin mit deren Auswirkungen zu tun. So ist man meist mehr mit der Bewältigung der Probleme des Partners und deren Lösung beschäftigt, als mit sich selbst.

Stecken Sie in einer Beziehung dieser Art? Wer hat in Ihrer Beziehung an allem Schuld? Wer nimmt die Schuld gerne auf sich? Dürfen Sie das Kinderzimmer Ihres Partners aufräumen und werden auch noch mit Vorwürfen in verbaler und/oder körperlicher Form bedacht? Warum bleibt man bei solch einem Menschen? Oftmals haben psychisch ungesunde Menschen sehr faszinierende Seiten. Frauen, die sich emotional auf einen solchen Menschen einlassen, sind sich in der Regel nicht so viel wert oder es seit Kindesbeinen an gewöhnt, sich um einen bedürftigen Menschen zu kümmern.

Den Frauen an der Seite eines psychisch ungesunden Mannes wird in der Norm Energie geraubt. Alles dreht sich um ihren Partner und so sind sie sich im Laufe der Zeit immer weniger wert, weil ihre Gedanken nur um „ihn" kreisen. Leicht gerät man in so eine Abhängigkeit und ist schließlich nur noch der Schatten dieses Mannes. Das zu realisieren ist meist schwer.

Sollten Sie sich selbst darin wiedererkennen, so überlegen Sie: Sind Sie es wert ein mit Liebe erfülltes und angenehmes Leben zu führen? Das können nur Sie sich beantworten. Ich denke, jeder Mensch hat das Recht auf ein eigenes Leben, unabhängig von einer Partnerschaft. Das klingt selbstverständlich, ist aber leider bei zu vielen Frauen noch nicht angekommen.

Ein mir bekannter Mann litt an mehreren Krankheitsbildern, einige durch den zu regen Genuss seines Freundes Alkohol herbeigeführt. Seine Frau musste ständig in seiner Nähe sein. Schon als solches kein leichtes Unterfangen. „Nebenher" musste sie noch vier Kinder großziehen. Sie schlief kaum, wurde beschimpft, musste die cholerischen Anfälle ihres Mannes ertragen, ihm beistehen, wenn er wieder unter Verfolgungswahn litt. Die Frau des Alkoholikers konnte sich erst befreien, als ihre Kinder alt genug waren, ihren Aufenthaltsort von Gesetzes Seite her selbst zu bestimmen. Nun fragen Sie sich, warum verließ die Frau diesen Mann nicht schon früher? Das fragt sie sich heute auch. Damals fing alles so schleichend an. Jede von Ihnen, die sich an Ihre eigene Geschichte jetzt erinnert fühlt, versteht sich selbst eventuell genauso wenig.

Ist man in eine solche Abhängigkeit verstrickt, ist es verdammt schwer sie zu erkennen. Anfangs bemerkt man nicht, was sich an unguten Dingen einschleicht. Später ist es zu spät. Freund_innen erzählen einem mit Engelszungen, dass irgendetwas mit dem Liebsten nicht stimmt. Dies will man nicht wahrhaben. Man verteidigt das Zuhause.

Schließlich kommen sich Frauen, die sich in einer solchen Lage befinden, wie Verliererinnen vor. Es ist ihnen peinlich vor den anderen. Sie schämen sich. Aber wie kommen sie da raus? Wo doch dieser psychisch ungesunde Mensch sie braucht, ohne Sie nicht leben kann. Aber vielleicht kann er es doch? Oftmals wird diesen Frauen ihre Lage erst bewusst, wenn sie einen ähnlichen Fall bei jemand anderem erleben, einen Film sehen oder ein Buch lesen, in welchem sie ihr eigenes Leben widergespiegelt bekommen.

Wie trennen Sie sich jetzt von einem psychisch ungesunden Menschen? Sollte die Beziehung zu ihm angstfrei sein, machen Sie ihm den Vorschlag einer vorübergehenden Trennung. In dieser Zeit kann er sein psychisches Problem angehen, zum Beispiel in Form einer Therapie. Auf diese Weise haben Sie schon mal eine räumliche Distanz geschaffen, wie am Anfang des Kapitels erörtert. So kann er sich an den neuen Zustand gewöhnen, ohne dass er sich im freien Fall befindet. Sie sehen zu, dass Sie ihn immer seltener sehen oder sprechen. Je größer die Abstände werden, um so mehr entfernt sich Ihre alte Beziehung. Schließlich sind Sie so weit und können für sich überlegen, wie Sie Ihr Leben gestalten wollen. Nach und nach ist die alte und ungesunde Beziehung ganz weit weg.

Sollten Sie in Angst vor Ihrem psychisch ungesunden Partner leben, ziehen Sie es in Erwägung zu Freund_innen oder Familienangehörigen zu gehen. Zu jemandem, der Sie im Zweifelsfalle auch beschützen kann, wo Sie sich geborgen fühlen.

Sonst bestünde noch die Möglichkeit, heimlich eine andere Wohnung zu mieten. Haben Sie den Absprung geschafft, treffen Sie ihn nur noch an öffentlichen und belebten Orten, wie zum Beispiel einem Café. Wenn es gar nicht anders geht, sprechen Sie lediglich mit ihm am Telefon. Auf jeden Fall wäre es nicht schlecht bei einem Treffen, Menschen Ihres Vertrauens in Ihrer Nähe zu wissen. Gerade wenn Sie vor ihm die Trennung aussprechen. Denken Sie an das Kapitel: **„Passen Sie auf sich auf"**

Ansonsten gibt es viele soziale Dienste, an die Sie sich wenden können, um noch mal detailliert über Ihr Problem zu reden und zu einer Ihnen gerechten Lösung zu kommen.

Ein ganz anderer Fall ist es:

Wenn Ihr Partner physisch krank ist

Nehmen wir den Fall, Sie befinden sich in einer Beziehung und wollen aus dieser heraus. Nun wird Ihr Partner krank. Gewissensbisse plagen Sie womöglich? Oder Sie fühlen sich auf einmal gebraucht, weil Ihr Partner krank geworden ist, obwohl Sie kurze Zeit vorher an eine Trennung dachten? Versuchen Sie sich in Ihren Partner hineinzuversetzen. Ob pflegebedürftig oder nicht: Wie schön, bleibt die Partnerin aus Liebe. Aber wie fühlt es sich wohl für einen Menschen an, wenn die Partnerin nicht aus Liebe bei einem bleibt, sondern aus Mitleid?

Wäre es möglich, dass eine emotional unbefangene, pflegende Person besser für Ihren pflegebedürftigen Partner sein kann als Sie? Das klingt vielleicht hart, aber in einem solchen Fall hilft nur Klarheit. Ein Mensch der krank ist, muss unbedingt wissen, woran er ist. Wollen Sie wirklich helfen, tun Sie es womöglich mit einer Trennung. Es sei denn, Sie merken, dass Sie ihn doch noch lieben. Dann ist es ein Bedürfnis, sich um diesen Menschen zu kümmern. Jedoch für den Fall des nicht mehr Liebens gilt: Ihr physisch kranker Partner wird Sie eventuell verlieren, gewinnt dafür aber seine Würde.

Meistens ist es ein schleichender Prozess. Vielleicht haben Sie den Krankheitsverlauf miterlebt oder Sie haben sich auf eine Beziehung eingelassen und wussten nichts von der Krankheit. Wie dem auch sei, Sie sollten für sich klären, was Sie wollen und können.

Nicht jeder Mensch hält es aus, einen anderen Menschen zu pflegen, sich zurückzustellen. Wie geht es Ihnen damit?

Im Grunde gibt es nur drei Möglichkeiten:

Erstens:
Sie bleiben mit Ihrem Partner aus moralischen, beziehungsweise ethischen Gründen zusammen, obwohl Sie ihn nicht mehr lieben.

Zweitens:
Sie trennen sich von Ihrem Partner, da sie keine Möglichkeit sehen, ihm und sich ansonsten gerecht zu werden.

Drittens:
Durch den schweren Einschnitt der Erkrankung Ihres Partners, ist Ihnen Ihre Liebe zu ihm bewusst geworden. Für ihn zu sorgen, ist Ihnen ein Bedürfnis.

Sollten die ersten zwei Punkte auf Sie zutreffen, stellen Sie sich die Frage, womit Sie leben können. Ganz gleich für welche Variante Sie sich entscheiden, es kommt auf das Entscheiden an. Bleiben Sie mit Ihrem Partner zusammen, so werden Sie nach einiger Zeit merken, ob Sie sich eventuell um Ihr Leben beraubt fühlen.

Bekommen Sie Aggressionen Ihrem Partner gegenüber und das über einen längeren Zeitraum, sollten Sie eine Trennung nicht ausschließen. Es gibt Institutionen, die sich um die Pflege kümmern – informieren Sie sich. So entlasten Sie sich und ihn.

Bleiben Sie bei Ihrem Partner und merken, Sie kommen zur Ruhe, erleben eine Gelassenheit, Glück? Das Pflegen Ihres Partners stärkt Sie? Dann liegt Ihre Entscheidung auf der Hand.

Wie auch immer: Vergeuden Sie Ihr Leben nicht und gehen Sie mit sich ins Gericht. Ihren Partner zu pflegen, sich um ihn zu sorgen, sollte ein Bedürfnis sein.

Fragen:

- Habe ich Mitleid mit ihm?
- Habe ich das Gefühl, gezwungen zu sein, mit ihm zusammen zu bleiben?
- Habe ich das Gefühl, an seiner Seite mein Leben zu verpassen?
- Habe ich Angst davor, leer zu sein, wenn ich mich nicht mehr um ihn kümmerte?
- Denke ich, dass nur ich ihm helfen kann?
- Musste ich mich als Kind unverhältnismäßig um ein Familienmitglied kümmern?
- Haben meine Eltern sich um meine Nöte, Ängste, Freuden, Gefühle gekümmert?
- Räume ich mir das Recht auf ein von mir selbst bestimmtes Leben ein?
- Fühle ich mich nur lebendig, wenn ich für einen bedürftigen Menschen da bin?
- Weiß ich, was ich vom Leben will?
- Darf ich glücklich sein?
- Liebe ich ihn?

Gar nicht so leichte Fragen? Es geht ja auch um ein sehr schwieriges Thema. Schlafen Sie über die Fragen. Sie werden weiter in Ihnen arbeiten und auf diese Weise kann eine Lösung in Ihnen reifen.

Jetzt frage ich Sie:

Womit können oder wollen Sie leben?

Haben Sie es inzwischen herausfinden können? Ich wünsche es Ihnen vom ganzen Herzen.

Lesen Sie sich in Ruhe die folgenden Fragen durch und lassen Sie die Fragen, sie durch den Tag begleiten.

Fragen:

- Womit und mit wem will ich leben, will ich alt werden?
- Ist mein Partner derjenige, der vermag, mich aufzufangen?
- Kann ich mit ihm über die meisten meiner Probleme sprechen?
- Wie sieht unsere Kommunikation aus?
- Kann ich mit ihm meine Freude teilen?
- Was teilen wir miteinander?
- Versucht er mir eine schöne Zeit zu bereiten?
- Ist es mir ein Bedürfnis, ihm eine schöne Zeit zu bereiten?
- Fragt er nach meinen Wünschen?
- Unterstützt er mich in meinen Wünschen?
- Sind mir seine Wünsche wichtig?
- Wie reagiert er in Notsituationen?
- Gibt er mir das Gefühl, mich beschützen zu können?
- Übernimmt er gerne Verantwortung?
- Sind wir auf Augenhöhe?

- Fühlt er sich mir gegenüber minderwertig?
- Denke ich, ich bin ihm nicht gewachsen?
- Ist er aus Mitleid mit mir zusammen?
- Bin ich mit ihm aus Mitleid zusammen?
- Bin ich mit ihm zusammen, weil ich denke, dass sich niemand anderes für mich interessieren würde?
- Bin ich noch mit ihm zusammen, weil ich dazu erzogen wurde, dass man sich nicht nach vielen gemeinsamen Jahren oder weil man verheiratet ist, trennt?
- Denke ich, es ist normal, mich für jemanden aufopfern zu müssen?
- Sind ihm meine Leidenschaften wichtig?
- Ist es ihm ein Bedürfnis, mich auch sexuell zu befriedigen?
- Ist er beim Sex mehr auf sich fixiert?
- Fühle ich mich in meinem seelischen und körperlichen Dasein vollkommen von ihm angenommen/akzeptiert?
- Habe ich ihm noch etwas zu sagen?
- Hat er mir noch etwas zu sagen?
- Ist es ihm wichtig, dass ich weniger verdiene als er? Oder mehr?
- Sinkt er in meiner Achtung, wenn er weniger Geld verdient als ich?
- Ist es mir wichtig, mehr zu verdienen als er?
- Bin ich ihm weniger wert, durchlebe ich mental und/oder finanziell schwere Zeiten?
- Geht er sensibel mit mir um, wenn ich eine mental und/oder finanziell schwere Zeit durchlebe? Verbindet uns diese Zeit? Fühle ich mich von ihm verstanden, unterstützt?

- Wie empfinde ich ihn in Gegenwart meiner, seiner oder gemeinsamer Freunde?
- Zeige ich mich gerne in der Öffentlichkeit mit ihm?
- Zeigt er sich gerne in der Öffentlichkeit mit mir?
- Ist er ständig in Konkurrenz mit mir?
- Bin ich ständig in Konkurrenz mit ihm?
- Ist er aufmerksam mir gegenüber?
- Bin ich stolz auf ihn?
- Freue ich mich, wenn ich ihn sehe?
- Ist er stolz auf mich?
- Ist er ehrlich mir gegenüber?
- Bewundere ich ihn?
- Bewundert er mich?

Lassen Sie sich Zeit mit der Beantwortung dieser Fragen. Manches muss in einem arbeiten. Nach dem Motto:

In der Ruhe liegt die Kraft.

Nun kommen wir zur wichtigen Frage:

... oder will ich es vielleicht gar nicht?

Möglicherweise haben Sie durch das Durcharbeiten des Buches für sich herausgefunden, dass Sie sich gar nicht mehr trennen wollen. Ihnen ist vieles über sich und Ihren Partner bewusst geworden. Eventuell betrachten Sie Ihre Beziehung jetzt von einem anderen Standpunkt aus, der Ihnen zeigt, dass sie vieles miteinander teilen.

Oder ist Ihnen durch das Durcharbeiten des Buches, bewusst geworden, dass eine Trennung, der einzig richtige Schritt ist? Um nicht noch mehr Zeit und Kraft in eine Beziehung zu investieren, die einfach nicht mehr gesund ist für Sie? Es ist doch ein herrlicher Zustand, wenn man Klarheit gewonnen hat. Genießen Sie diesen Zustand. Es ist alles eine Sache der Entscheidung. Man hat großes Glück, wenn man das eigene Leben betrachten und auch darüber bestimmen kann.

Wie auch immer Sie sich entscheiden, es darf sich um Sie selbst drehen, Ihre Gedanken, Ihre Gefühle, Ihre Bedürfnisse.

Nachwort

Ich glaube an die Liebe. Es ist das Elixier, das unser Leben so schön machen kann und sollte.

Vergegenwärtigen Sie sich, ob bei Ihrer Beziehung Respekt und Achtung noch „zu Hause" sind. Falls nicht, ist das, das deutlichste Zeichen dafür, die Beziehung in Frage zu stellen, eine Mediation zu beginnen oder die Beziehung so schnell wie möglich zu beenden.

Die Trauerarbeit nach einer Trennung kann Ihnen niemand abnehmen. Sie ist eine essentielle Phase nach einer Trennung. Es sei denn, Sie wollen Ihren nächsten Partner mit etwas Sonderbarem beglücken: Den nicht verarbeiteten Geschichten und Belastungen Ihrer letzten Beziehung. Wer will das schon? Bequemer ist es natürlich, sich nicht mit den alten Kamellen zu beschäftigen. Ist es sinnvoll? Was tun Sie sich selbst damit an? Wollen Sie immer die gleiche Niederlage erleben? Wollen Sie sich immer wieder fragen müssen, warum eine Beziehung bei Ihnen stets denselben Verlauf nimmt? Es liegt vieles in Ihrer Macht. Die eigenen Muster zu verändern ist mit Arbeit verbunden. Arbeit die Ihr Leben grundlegend in eine für Sie positive Richtung ausrichten kann.

Nehmen wir das Beispiel: Sie fahren Ski und fallen an der gleichen Stelle jedes Mal furchtbar hin. Fahren Sie sofort wieder los, um gleich wieder an derselben Stelle zu verunglücken? Hoffentlich nicht. Sie spielen ansonsten Roulette mit Ihrem Körper.

Denken Sie an das, was eventuell danach kommt, welche Auswirkungen so eine Verletzung nach sich ziehen kann. Von daher überlegen Sie hoffentlich, warum Sie genau an derselben Stelle immer hingefallen sind. Auf diese Art können Sie dahinter kommen, welche Fehler Sie womöglich immer wieder begehen, so auch bei der Liebe. Fehler sind menschlich und einige von ihnen sind reparabel. Wir können tatsächlich lernen und haben die Möglichkeit zu Verzeihen, aber nicht um jeden Preis. Seien Sie sich viel wert.

Dabei wünsche ich Ihnen alles Glück der Welt!
Sollten Sie noch eine Unsicherheit haben bei der Frage:

Wie trenne ich mich richtig – oder will ich es vielleicht gar nicht?

lesen Sie dieses Buch gleich noch mal.

Ihre Nora Jensen

Zur Autorin:

Nach ihrem Schauspielstudium bei Marlise Ludwig, Berlin und Geraldine Baron, New York, arbeitete die gebürtige Berlinerin Nora Jensen gleichermaßen auf der Bühne, wie auch in Film und Fernsehen. Um die Jahrtausendwende kam der Tango Argentino dazu, den sie seither als Tangolehrerin vermittelt.

Das Schreiben begleitet sie seit frühester Kindheit, in der sie ihren Malervater Ole Jensen, unzählige Gedichte schreibend, erlebte. Ihr Ratgeber „Wie trenne ich mich richtig – oder will ich es vielleicht gar nicht?" ist ihr Erstlingswerk. Sie lebt in Berlin und ist Mutter von zwei erwachsenen Töchtern.